열두 살에 처음 만난

국제 조약

세상과 통하는 지식학교 ❹
열두 살에 처음 만난 국제 조약

1판 1쇄 발행 | 2010. 6. 23.
1판 5쇄 발행 | 2017. 12. 20.

손기화·황근기 글 | 박종호 그림

발행처 김영사 | 발행인 고세규
등록번호 제 406-2003-036호 | 등록일자 1979. 5. 17.
주소 경기도 파주시 문발동 파주출판단지 515-1 (우 413-756)
전화 마케팅부 031-955-3102 편집부 031-955-3113~20

값은 표지에 있습니다.
ISBN 978-89-349-3992-4 73340

좋은 독자가 좋은 책을 만듭니다. 김영사는 독자 여러분의 의견에 항상 귀 기울이고 있습니다.
독자의견 전화 031-955-3139 | 전자우편 bestbook@gimmyoung.com | 홈페이지 www.gimmyoungjr.com
어린이들의 책놀이터 cafe.naver.com/gimmyoungjr | 드림365 cafe.naver.com/dreem365

어린이제품 안전특별법에 의한 표시사항

제품명 도서 제조년월일 2017년 12월 20일 제조사명 김영사 주소 10881 경기도 파주시 문발로 197
전화번호 031-955-3100 제조국명 대한민국 ⚠주의 책 모서리에 찍히거나 책장에 베이지 않게 조심하세요.

열두 살에 처음 만난
국제 조약

손기화·황근기 글 박종호 그림

주니어김영사

> 글쓴이의 말

조약을 알면 세계가 보여요!

　옛날부터 사람들은 모두가 잘 살 수 있도록 하기 위해서 여러 가지 약속을 만들었어. 도둑질을 하면 벌을 받는다, 교통질서를 잘 지켜야 한다 등등. 이런 약속을 '법'이라고 하지.
　그러면 조약은 뭘까? 조약은 '나라와 나라 간의 약속'이야. 나라와 나라 사이의 질서를 유지하고, 서로 평화롭게 살기 위해 만든 국제적인 약속을 '조약'이라고 한단다.
　현재 지구상에 있는 많은 나라들은 서로 수많은 조약을 맺고 있어. 무역에 관한 조약, 바다에 관한 조약, 인권에 관한 조약, 환경에 대한 조약……. 이런 조약을 통해 국제 사회의 질서가 지켜지고 있는 거란다.
　어쩌면 여러분은 '조약이 우리하고 무슨 상관이 있지?' 하고 고개

를 갸웃거릴지도 몰라. 하지만 그건 네가 아직 조약이 얼마나 중요한지 몰라서 그렇단다. 조약은 우리의 생활과 아주 깊은 관련이 있어.

최근에 우리나라는 칠레와 '자유 무역 협정'을 맺었어.

"이제부터 대한민국과 칠레는 자유롭게 무역을 하기로 합시다."

이제 우리나라 사람들은 값싸고 맛있는 칠레의 포도, 장어, 와인 등을 사 먹을 수 있게 되었지. 그리고 칠레 국민들은 우리나라의 질 좋은 휴대폰과 텔레비전 등을 살 수 있게 되었어. 하지만 모두 좋기만 한 건 아니야. 우리나라의 농민들과 어민들은 값이 싼 칠레의 농수산물 때문에 큰 피해를 입고 있단다.

이처럼 나라와 나라 간의 조약은 우리의 삶을 크게 바꿔 놓을 정도로 아주 중요해. 그런데도 조약에 대해 관심을 가지고 있는 어린이들은 적은 것 같아. 그래서 이 책을 쓰게 되었단다.

《열두 살에 처음 만난 국제 조약》에서는 조금은 어려울 수 있는 조

약에 대한 내용을 쉽고도 재미있게 설명했어. 조약이 무엇인지, 조약이 어떻게 체결되는지 하는 궁금증뿐만 아니라, 서양 최초의 조약인 〈베스트팔렌 조약〉, 동양 최초의 조약 〈난징 조약〉, 우리나라 최초의 조약 〈강화도 조약〉 등을 살펴 보면, 역사와 사회 공부가 동시에 된단다.

그리고 〈인종 차별 철폐 국제 조약〉, 〈여성 차별 철폐에 관한 조약〉, 〈아동 권리 조약〉 등에서는 인권에 대한 공부도 할 수 있고, 바다에 대한 조약, 하늘과 우주에 관한 조약 등에서는 오늘날의 국제 관계에 대해서도 알 수 있어. 또한 국제적 자본의 흐름에 관한 조약과 국제 무역에 관한 조약에서는 우리 삶과 떼려야 뗄 수 없는 경제 문제에 대해서도 알 수 있지.

자, 그럼 이제 천천히 이야기를 시작해 볼까? 조약을 알면 세계가 보인단다!

손기화 · 황근기

차례

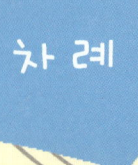

글쓴이의 말 4

1장 ▶▶▶▶ 조약이 뭐예요?

조약이란 무엇일까요? 17

조약과 우리 생활 19

조약은 누가 체결할까요? 23

조약 체결은 얼마나 중요할까요? 25

조약은 어떻게 체결될까요? 28

우리나라와 조약 31

✉ 2장 ▸▸▸▸ 최초의 근대적 조약들

서양의 근대적 국제 조약 35
서양 최초의 국제 조약 〈베스트팔렌 조약〉 37
동양의 근대적 국제 조약 39
동양 최초의 국제 조약 〈난징 조약〉 42
조선 최초의 국제 조약 〈강화도 조약〉 46

✉ 3장 ▸▸▸▸ 지구촌 국가들의 연합체 – UN

UN은 왜 만들어졌을까요? 53
UN의 안전 보장 이사회 56
UN의 활동 60
UN과 우리나라 64

4장 ▶▶▶▶ 인권에 대한 조약

인간이 마땅히 누려야 할 권리 71
UN을 통한 인권 보호의 약속 75
〈경제적·사회적·문화적 권리에 관한 국제 조약〉 78
〈인종 차별 철폐 국제 조약〉 81
〈여성 차별 철폐에 관한 조약〉 84
〈아동 권리 조약〉 87
〈난민 지위에 관한 조약〉 89

5장 ▶▶▶▶ 바다에 대한 조약

바다의 주인은 누구일까요? 95
UN 해양법 조약 98
대한민국과 UN 해양법 조약 102

📩 6장 ▶▶▶▶ 하늘과 우주에 관한 조약

하늘에 관한 조약이 생기기까지 109

항공기의 영공 침해와 국제 조약 113

우주에 관한 국가들의 약속 118

〈달 조약〉 121

우주 조약의 남은 과제 124

📩 7장 ▶▶▶▶ 국제적 자본의 흐름에 관한 조약

IMF은 왜 만들어졌을까요? 131

IMF은 무슨 일을 하는 곳일까요? 136

브레튼 우즈 체제 VS 킹스턴 체제 138

8장 ▸▸▸▸ 국제무역에 관한 조약

무역은 공정하게 해야지! 147

공정한 무역을 위해 만들어진 GATT 150

세계 무역 기구 – WTO 153

국제 무역 기구와 분쟁 해결 160

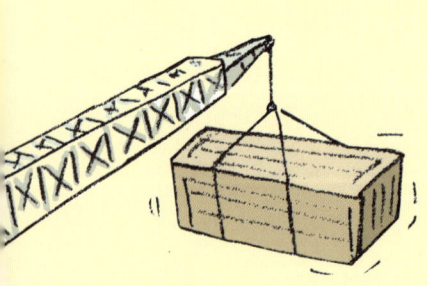

9장 ▶▶▶▶ 환경에 관한 조약

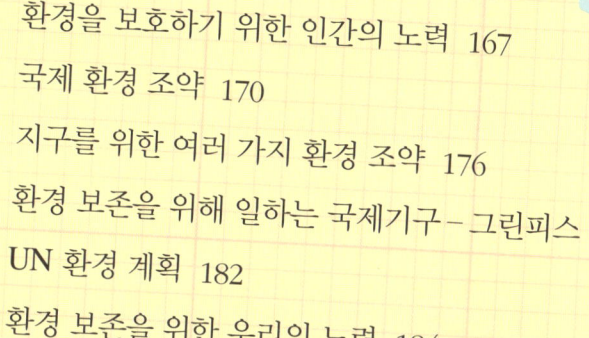

환경을 보호하기 위한 인간의 노력 167

국제 환경 조약 170

지구를 위한 여러 가지 환경 조약 176

환경 보존을 위해 일하는 국제기구 – 그린피스 180

UN 환경 계획 182

환경 보존을 위한 우리의 노력 184

10장 ▶▶▶▶ 지역 국가들간의
조약 공동체 조약 – 유럽 연합

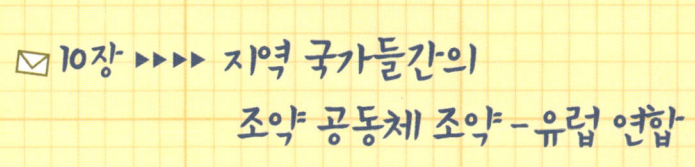

〈유럽 연합〉의 탄생 189

누가 유럽 연합을 이끌어 갈까요? 196

조약이 뭐예요?

조약이란 무엇일까요?

조약과 우리 생활

조약은 누가 체결할까요?

조약 체결은 얼마나 중요할까요?

조약은 어떻게 체결될까요?

우리나라와 조약

조약이란 무엇일까요?

조약에 대한 이야기를 시작하기 전에 먼저 교통 법규에 대해 잠깐 생각해 보자. 빨간 불이 켜지면 달리던 차들은 멈춰 서. 그리고 파란불이 켜지면 다시 달리기 시작하지. 만약 운전자들이 이런 약속을 지키지 않는다면 어떤 일이 일어날까? 운전자들이 신호를 무시하고 자기 마음대로 운전을 하는 바람에 날마다 교통사고가 날 거야. 하지만 교통 법규를 미리 정해 놓았기 때문에 운전자들은 질서 있게 운전을 할 수 있지.

자, 그럼 이번엔 A라는 국가와 B라는 국가가 서로 교류를 시작하기로 했다고 가정해 보자. 이때 가장 먼저 해야 할 일이 뭘까? 그렇지! '이러이러한 경우에는 이렇게 합시다.' 라고 먼저 약속을 정해 놓아야겠지. 만약 약속을 미리 정해 놓지 않으면 나중에 여러 가지 골치 아픈 문제가 생길 수도 있으니까 말이야.

조약이란 이렇게 국가와 국가 간의 약속을 가리키는 말이야.

현재 지구에는 약 192개 정도의 나라가 있는데, 이 나라들은 국제 사회의 질서와 평화를 위해 수많은 조약을 맺고 있단다.

조약과 우리 생활

"조약은 국가와 국가 간에 맺는 약속이라면서요? 그럼 우리 생활과는 아무런 관련이 없잖아요. 우리가 왜 조약에 대해 알아야 하는데요? 그런 건 나라를 다스리는 정치인들만 알면 되는 거 아니에요?"

이렇게 말하는 목소리가 여기까지 들리는 것 같구나.

그건 여러분이 아직 조약이 얼마나 우리 생활에 큰 영향을 미치는지 몰라서 하는 말이란다. 몇 년 전에 우리나라와 칠레는 〈자유 무역 협정〉이라는 조약을 맺었어. 이 조약을 예로 들어 볼 테니까 잘 들어 보렴.

〈자유 무역 협정〉을 맺기 전 우리나라와 칠레 사이에는 무역이 활발하지 못했어. 무역은 나라와 나라 사이에 서로 물건을 사고파는 걸 말해. 하지만 〈자유 무역 협정〉을 맺기로 약속을 한 뒤부터는 무역이 활발해졌단다.

"이제부터 대한민국과 칠레는 자유롭게 무역을 하기로 약속한 겁니다."

"물론이지요. 관세도 철폐하도록 합시다."

"좋습니다. 그럼 우리 칠레는 대한민국에 포도, 와인, 홍어, 장어 등을 수출하겠습니다."

"좋습니다. 그럼 우리 대한민국은 칠레에 휴대폰과 텔레비전 등을 수출하겠습니다."

이 조약이 체결됨으로써 그 후 우리는 마트에서 값싸고 맛있는 칠레산 포도, 홍어, 장어, 와인 등을 사 먹을 수 있게 되었어. 반면에 칠레 사람들은 우리나라에서 수출한 품질 좋은 휴대 전화와 텔레비전 등을 저렴한 가격에 살 수 있게 되었지.

우리나라는 앞으로 미국 등 많은 나라와 〈자유 무역 협정〉을 맺을 예정이야. 만약 우리나라와 미국이 〈자유 무역 협정〉을 맺게 되면 어떤 일이 벌어질까?

그렇게 되면 미국 사람들은 우리나라에서 만든 자동차, TV, 휴대 전화 등을 지금보다 더 많이 사게 될 거야. 미국에서 만든 제품보다 값이 싸고 품질이 좋으니까. 반면에 우리나라 사람들은 값이 싼 미국산 농산물과 수산물을 많이 사 먹게 되겠지.

자, 그럼 여기서 질문을 하나 해 볼게. 우리나라 정부가 세계 여러 나라와 〈자유 무역 협정〉을 맺게 되면 우리 생활에는 어떤 변화가 있을까?

"휴대 전화나 텔레비전을 만드는 회사는 수출을 많이 할 수 있으니까 아주 좋을 것 같아요."

"맛있고 싼 칠레산 포도나, 미국산 농산물을 사 먹을 수 있으니까 소비자들도 아주 좋겠죠."

맞는 말이야. 공산품을 수출하는 회사나 소비자들은 좋을 거야.

하지만 모든 사람이 〈자유 무역 협정〉을 좋아하는 건 아니란다. 왜냐고? 우리나라의 농민과 어민들의 말을 한번 들어 보렴.

"지금처럼 칠레산 포도가 싼 값에 들어오면 우리나라에서 포도 농사를 짓는 농민들은 큰 손해를 입어요. 칠레산 포도에 밀려 우리 농민들은 포도 농사를 포기할 수밖에 없을 거예요."

"어민들도 마찬가지예요. 칠레산 홍어를 싼 가격에 수입하기 시작하면서부터 우리 어민들은 큰 피해를 입고 있어요. 너도 나도 싼 칠레산 홍어만 사 먹으니까요. 앞으로 살 길이 막막해요."

이런 이유 때문에 우리나라 농민과 어민들은 우리 정부가 다른 나라와 〈자유 무역 협정〉을 맺는 걸 반대하고 있어. 어때? 이 정도면 조약이 우리 생활에 얼마나 큰 영향을 미치는지 이해할 수 있겠지?

조약은 우리 생활뿐만 아니라 정부의 주요 정책에도 아주 큰 영향을 끼쳐.

1997년 교토에서는 '3차 UN 기후 변화 협약 회의'가 열렸어. 이 회의에 참가한 국가들은 지구 환경에 큰 영향을 미치는 온실가스를 줄이기로 〈교토 의정서〉를 맺었어.

"회의에 참가한 선진 38개국은 2008년에서 2012년 사이에 온실가스 배출을 5.2퍼센트 줄일 것을 약속합니다."

이 조약에 따라 회의에 참가한 38개국은 온실가스 배출을 줄이기 위해 많은 노력을 기울여야 했지.

우리나라는 2002년에 이 조약에 가입했으나 개발도상국으로 분류되어 이행 의무가 없었어. 하지만 2008년부터 2012년까지 온실 가스량을 1990년 대비 평균 5.2퍼센트로 줄여야 해.

이처럼 국제 조약의 체결은 우리의 밥상부터 정부의 주요 정책에까지 아주 깊은 영향을 미친단다.

조약은 누가 체결할까요?

이렇게 중요한 조약은 도대체 누가 체결하는 걸까?

"조약은 나라와 나라 사이의 약속이니까 당연히 나라를 대표하는 정부가 체결하겠지요."

맞는 말이야. 조약은 나라를 대표하는 정부가 체결해. 그런데 모든 나라가 조약을 체결할 수 있는 건 아니야. 조약을 체결하기 위해서는 반드시 독립된 나라여야만 해. 다른 나라의 식민지인 나라는 국제 조약을 체결할 수 없단다.

그러면 국가만 조약을 체결할 수 있는 걸까? 그건 아니야. 국제기구도 조약을 체결할 수 있어. 현재 전 세계에는 '세계 무역 기구(WTO)', '국제 원자력 기구', '국제 연합' 등 수많은 국제기구가 있어. 이 국제기구들은 각 국가를 상대로 조약을 맺을 수 있어.

하지만 아무 조약이나 다 맺을 수 있을 건 아니야. 국제기구의 설립 취지와 관련된 분야의 조약만 맺을 수 있어. 예를 들어 '세계 무역 기구'는 나라 간의 무역 분쟁을 중간에서 조절하는 국제기구야. 따라서 '세계 무역 기구'는 국가 간의 무역 분쟁과 관련된 조약만 체결할 수 있단다.

또한 지역 공동체도 조약을 체결할 수 있어. 대표적인 지역 공동체로는 '유럽 연합(EU)'이 있어. '유럽 연합'은 유럽의 27개 국가가 모여서 만든 지역 공동체인데, 27개 유럽 국가를 대표해서 다른 지역의 국가나 국제기구와 조약을 체결할 수 있어.

이처럼 조약은 국가, 국제기구, 지역 공동체 간에 이루어지는 약속이란다.

조약 체결은 얼마나 중요할까요?

친구들과 약속을 지키지 않으면 어떻게 될까? 서로 사이좋게 지낼 수 없겠지. 국가 간의 관계도 마찬가지야. 국가도 약속을 지키지 않으면 서로 잘 지낼 수 없어. 조약을 맺은 후, 그 조약을 지키지 않는 바람에 전쟁이 일어나기도 하지.

그렇기 때문에 조약을 맺을 때는 아주 신중해야 해. 우리나라도 억울한 조약을 맺는 바람에 나라를 빼앗겼던 뼈아픈 역사를 가지고 있단다.

1905년 우리나라는 일본과 〈을사조약〉을 맺었어. 그런데 이 〈을사조약〉의 내용은 정말 어처구니 없는 것이었어.

"을사조약에 따라 대한 제국은 외교권을 일본에게 넘긴다. 이제부터 모든 외교 문제는 일본이 대신 처리한다."

당시 매국노들로 구성된 정부 대표들은 이러한 내용의 〈을사조약〉에 서명을 했지.

부당한 내용의 조약을 받아들일 수 없었던 고종은 1907년 6월 25일 네덜란드의 헤이그로 밀사를 파견했어. 네덜란드 헤이그에서 '만국 평화 회의'라는 국제회의가 열리고 있었거든.

"을사조약은 일본의 무력 때문에 억지로 맺은 조약이라는 것을 전 세계에 널리 알리고, 을사조약을 취소할 수 있도록 하라."

고종이 파견한 헤이그 밀사 3명은 고종 황제의 옥새가 찍힌 전권 위임장을 보이며 '만국 평화 회의'에 참가하려고 했어. 그러나 헤이그 밀사들은 일본의 방해로 회의장에 들어갈 수조차 없었단다.

결국 〈을사조약〉을 통해 일본은 우리나라를 침략할 수 있는 구실을 얻게 되었지. 이처럼 조약을 잘못 맺으면 나라를 빼앗길 수도 있어. 따라서 조약을 체결할 때는 아주 신중해야 한단다.

조약은 어떻게 체결될까요?

세계의 각 나라는 모두 조금씩 다른 문화와 전통, 정치·경제 제도를 가지고 있어. 그래서 각 나라의 법은 다 달라. 예를 들어 싱가포르에서는 거리에 침을 뱉거나, 공중 화장실에서 볼일을 보고 물을 내리지 않으면 벌금을 내야 해. 하지만 중국에서는 거리에 침을 뱉는다고 뭐라는 사람이 없어.

이처럼 각기 다른 법을 가지고 있는 나라들이 서로 만족할 수 있는 조약을 만드는 건 쉬운 일이 아니야. 그래서 조약을 맺으려면 아주 오랜 시간과 노력이 필요하지.

자, 그럼 이번엔 조약이 어떻게 체결되는지 그 과정을 한번 살펴보자.

우선 조약을 체결하기 위해서는 조약의 필요성을 꼼꼼히 검토해야 해. 쉽게 이야기해서 조약이 양쪽 국가에 이익이 되는지 신중하게 생각해 보는 거지. 우리나라와 미국은 〈한·미 자유 무역 협정(FTA)〉을 맺기 위해 무려 3년 9개월 동안 협상을 하며 조약의 내용을 꼼꼼히 검토했단다.

조약을 체결하는 게 좋겠다고 생각되면 당사국들은 조약 문안을 만들기 시작해. 문안이란 조약의 내용을 글로 남기는 걸 말해. 이 문안에 어떤 내용을 쓰느냐는 아주 중요해. 단어 하나를 잘못 선택하는 바람에 나중에 큰 불이익을 당할 수도 있거든.

문안을 다 만들면 양국은 조약의 문안을 검토한 후 확정하게 돼. 조약 문안의 확정은 일반적으로 양국 대표의 가서명을 통해 이루어져.

하지만 가서명은 임시 서명이기 때문에 아직 효력이 없고, 정식 서명 절차를 거쳐야 조약으로 인정이 된단다.

우리나라에서는 조약 체결권자인 대통령이 직접 서명을 하거나, 조약 서명권을 위임받은 대표가 조약에 서명하면 그 조약은 확정된단다.

이렇게 서명한 조약은 비준을 받아야 해. 비준은 대통령이나 내각이 조약의 내용에 혹시 잘못된 부분은 없는지 최종적으로 확인해 보는 절차야. 비준을 받고, 그 비준서를 교환하면 마침내 조약이 체결되는 거지.

하지만 어떤 조약들은 비준되기 전에 꼭 국회의 동의를 받아야 해. 국회의 동의가 없으면 조약은 비준을 받지 못하게 되고, 비준을 받지 못한 조약은 그 효력을 발휘할 수 없단다.

우리나라와 조약

현재 우리나라는 많은 나라와 조약을 맺고 있어. 또 여러 국제기구와 지역 공동체와도 다양한 영역에서 조약을 맺고 있지.

외교 통상부의 통계에 따르면 1948년 8월 15일 대한민국 정부가 수립된 이후 2007년 12월까지 대한민국이 맺은 조약은 무려 2,492건이나 된다고 해. 그중 1948년부터 1960년까지 체결한 조약은 88건밖에 없어. 하지만 2001년부터 2007년까지 체결된 조약은 무려 479건이나 된단다.

2001년 이후에 조약 체결을 많이 하게 된 이유가 뭘까? 그건 우리나라가 국제 사회의 여러 문제에 깊이 관여해야 할 책임이 있는 나라로 성장했기 때문이야.

또한 예전에는 주로 군사, 경제 문제로 조약을 맺었지만 최근에는 통상, 문화, 과학·기술, 환경 등 다양한 분야로까지 확대되고 있단다.

최초의 근대적 조약들

서양의 근대적 국제 조약

서양 최초의 국제 조약 〈베스트팔렌 조약〉

동양의 근대적 국제 조약

동양 최초의 국제 조약 〈난징 조약〉

조선 최초의 국제 조약 〈강화도 조약〉

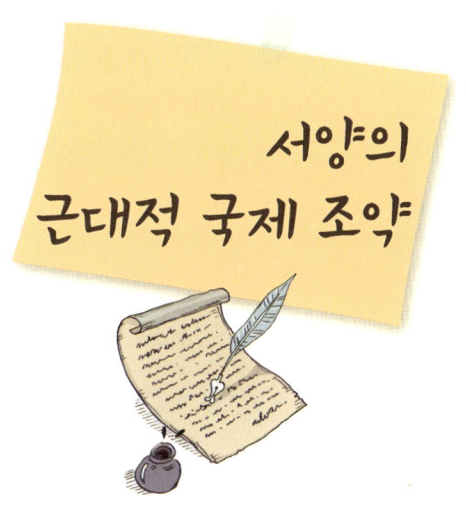

서양의 근대적 국제 조약

유럽에서는 오래전부터 나라와 나라 간의 무역이 발달했어. 그런데 각 나라의 법이 모두 제각각이어서 종종 크고 작은 다툼이 일어나곤 했단다. 예를 들면 물건에 매기는 세금이 각 나라마다 다 다른 거야.

"이보쇼. 갑자기 소금 값을 두 배로 올리는 법이 어디 있소?"
"우리나라에서 이번에 소금 세를 올렸기 때문이오."
"왜 당신들 나라만 소금 세를 많이 받는 거요?"
"그럼, 날 더러 어쩌란 말이오. 법으로 정해 버렸는걸. 사고 싶지 않으면 그만두쇼. 다른 나라에 팔지 뭐."

이런 문제 때문에 유럽에서는 무역을 하는 나라들 간의 다툼이 잦았어. 심할 때는 전쟁이 일어나기도 했지.

이런 일이 계속되자 각 나라를 다스리는 왕들은 '국제법'이 필요하다는 걸 절실히 깨달았어.

"나라들 간에 다투지 않고, 평화롭게 무역을 하려면 국제적인 규칙이 필요하다."

이 무렵, 네덜란드의 법학자인 후고 그로티우스(Hugo Grotius, 1583~1645)가 《전쟁과 평화의 법》이라는 책을 냈어. 이 책은 근대적인 국제법에 대해 쓴 최초의 책인데, 그로티우스는 이 책에서 이렇게 주장했어.

나라와 나라가 다투지 않고 사이좋게 잘 지내려면 조약을 맺어야 합니다. 일단 조약을 맺은 나라들은 다음 두 가지 원칙을 지켜야 합니다.

첫째, 조약은 반드시 지켜져야 한다.

둘째, 조약을 어겨 상대방에게 손해를 입히면 보상을 해 주어야 한다.

그로티우스가 주장한 이 두 가지의 원칙은 지금까지도 계속 이어져 내려오고 있어. 그래서 지금도 그로티우스를 '국제법의 아버지'로 부른단다.

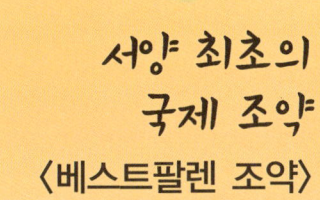

서양 최초의 국제 조약
〈베스트팔렌 조약〉

그로티우스의 국제법 원칙에 따라 맺어진 최초의 근대적 국제 조약이 바로 〈베스트팔렌 조약〉이야.

1618년부터 30년 동안 유럽에는 아주 큰 전쟁이 있었어. 신교와 구교 간에 벌어진 종교 전쟁이었지. 이 전쟁은 독일에서 일어났는데 보헤미아, 오스트리아, 덴마크, 스웨덴, 프랑스, 스페인 등이 참전했어. 이 나라들은 전쟁에서 이겨 독일 땅을 차지하려는 속셈을 가지고 있었지.

하지만 전쟁의 승패는 쉽게 갈리지 않았어. 30년 동안 아무 소득 없이 서로 치고받고 전쟁만 했지. 결국 제 풀에 지친 각 나라들은 전쟁을 그만두고 사이좋게 지내기로 했어. 하지만 그냥 말로 "이쯤에서 전쟁을 그만두고 사이좋게 지냅시다."라고 하는 건 아무래도 불안했어. 언제 또 어느 나라가 전쟁을 일으킬지 누가 알겠어?

그래서 1648년 종교 전쟁에 참전했던 나라들은 〈베스트팔렌 조약〉을 맺기로 했어. 〈베스트팔렌 조약〉의 핵심 내용은 다음과 같아.

첫째, 각 국가는 스스로 자기 나라의 미래를 결정할 수 있다.

둘째, 각 국가는 법적으로 동등하다.

셋째, 각 국가는 다른 나라의 국내 문제에는 간섭하지 않는다.

이런 내용을 담고 있는 〈베스트팔렌 조약〉은 서양 최초의 국제 조약이었어. 〈베스트팔렌 조약〉 이후 유럽의 여러 나라들은 수많은 국제 조약을 맺으며 빠르게 근대 국가로 성장하기 시작했단다.

동양의 근대적 국제 조약

유럽의 여러 나라들이 서로 국제 조약을 맺으며 근대 국가로 성장할 무렵, 동양의 국제 관계는 어떻게 진행되고 있었을까?

당시 동양에는 중국을 상대할 만한 나라가 없었어. 중국의 콧대는 그야말로 하늘을 찌를 정도였지.

"우리 중국은 세상의 중심이고, 하늘의 뜻을 받들어 세상을 다스리는 유일한 나라다. 따라서 다른 나라는 중국에 조공을 바쳐야 한다. 조공을 바친 나라는 우리가 보호해 주고, 형제의 나라로 인정해 줄 것이다."

정말 말도 안 되는 얘기지? 중국이 세상의 중심이라니! 하지만 당시에는 중국을 세상의 중심이라고 생각하는 나라들이 많았어. 그래서 동양의 여러 나라들은 너도나도 앞다퉈 중국에 조공을 바쳤단다.

"폐하, 저희들은 거란족입니다. 올해도 조공을 바칠 테니 저희들이 중국과 무역을 할 수 있게 허락해 주십시오. 그리고 중국의 선진 문화와 학문도 배울 수 있도록 허락하여 주십시오."

"폐하, 저희들은 여진족입니다. 저희들도 조공을 바칩니다. 이번에 저희 여진족의 왕이 죽었습니다. 왕을 바꿀 수 있도록 허락해 주십시오."

자기 나라 왕을 바꾸는데도 중국의 허락을 받아야 했을 정도니까, 당시 중국의 힘이 얼마나 셌는지는 더 말할 필요도 없겠지? 정말 불평등하고 굴욕적인 국제 관계라는 생각이 들 거야. 살아남기 위해 무릎을 꿇고 조공을 바치다니 말이야.

하지만 그 당시 동양에서는 중국에 조공을 바쳐야만 정상적인 국가로 인정받을 수 있었어. 요즘은 UN에 가입해야만 정상적인 국가로 인정받을 수 있는 것처럼 말이지.

영국이 청나라로 사신을 파견했을 때에도 청나라는 영국이 자

신들에게 조공을 바치고 교류를 허락받으러 온 줄 알았어.

"폐하, 우리 영국은 중국과의 교류를 원합니다."

영국의 관리들은 청나라 황제에게 미리 준비해 온 조약 문안을 보여 줬어. 서양에서는 나라와 나라 사이에 교류를 하기 시작하면 일단 여러 가지 조약을 문서로 만들어 서로에게 보여 주곤 했거든.

하지만 청나라 황제는 조약 문안은 쳐다보지도 않고 거드름을 피웠어. 동등한 입장에서 국제 조약을 체결해 본 적이 없는 청나라 관리들은 영국 사신들을 윽박질렀지.

"어허! 무엄하다. 영국 사신들은 얼른 폐하에게 머리를 조아리지 못할까?"

그제야 영국 관리들은 중국이 아직 국제 조약이 뭔지도 모르고 있다는 사실을 눈치챘단다.

동양 최초의 국제 조약
〈난징 조약〉

중국을 중심으로 하는 동양의 국제 질서는 19세기가 되면서부터 확 바뀌기 시작했어. 그 결정적인 계기가 된 것이 바로 '아편 전쟁'이란다.

중국과 교류를 하기로 한 영국은 중국에 주로 면화를 수출했어. 그 대신 중국의 차와 비단 등을 수입해 갔지. 중국의 비단과 차는 영국에서 폭발적인 인기를 끌었어.

"역시 중국 비단이 최고야."

"식사를 한 후에는 중국차를 꼭 마셔야 한다니까!"

영국인들은 큰돈을 주고 마구잡이로 중국의 비단과 차를 사들였어. 반면에 영국의 면화는 중국에서 인기를 끌지 못했지. 이 때문에 영국은 매번 큰 손해를 봤어. 당시에는 국제 무역을 할 때 돈 대신 은을 주고받았는데, 엄청나게 많은 영국의 은이 중국으로 흘러들어 갔단다.

그러던 어느 날, 영국은 더 이상 손해를 보지 않으려고 극단적인 방법을 쓰기로 했어.

"몰래 아편을 중국에 수출해서 은을 다시 거둬들이자."

아편은 마약이야. 그때도 아편을 사고파는 건 불법이었기 때문에 영국은 중국 정부 몰래 아편을 중국 상인들에게 팔았어. 하지만 꼬리가 길면 잡히겠지? 중국 정부는 영국이 중국 상인들에게 아편을 팔아넘기고 있다는 걸 금방 눈치챘어.

"요즘 길거리에는 영국인들이 판 아편을 먹고 아편 중독자가 된 사람들이 넘쳐 나고 있다고 합니다."

"뭐야! 당장 아편 수입을 금지시켜라."

청나라 정부는 린저쉬(林則徐, 1785~1850)를 총독으로 임명하여 아편 무역을 못 하도록 막았어. 린저쉬는 영국 상인으로부터 아편을 빼앗아서 바닷물에 던져 버렸어.

"앞으로는 아편을 파는 자와 아편을 가지고 있는 자는 모두 사형에 처한다."

하지만 영국은 쉽게 물러서지 않았어. 당시 영국은 중국에 아편을 팔아 막대한 이익을 남기고 있었거든.

"뭐? 아편 무역을 막겠다고? 우리는 청나라와 전쟁을 하는 한이 있더라도 아편 무역은 계속하겠다."

결국 1840년 6월, 영국과 청나라 간의 피할 수 없는 전쟁이 시작되었어. 아편 때문에 일어난 전쟁이라고 해서 이 전쟁을 '아편 전쟁'이라고 하지. 이 소식을 들은 아시아의 여러 나라는 코웃음을 쳤어.

"청나라를 상대로 전쟁을 치르겠다고? 쯧쯧, 영국이라는 나라

는 청나라가 얼마나 강한지 아직 모르는가 보군."

하지만 예상은 보기 좋게 빗나갔어. 근대적 무기로 무장한 영국 군 앞에 청나라 군대는 속수무책이었어. 청나라는 힘 한 번 제대로 써 보지 못하고 영국에 무릎을 꿇고 말았단다.

1842년 8월 29일, 전쟁에서 진 청나라는 영국과 〈난징 조약〉을 체결해야만 했어.

전쟁에서 진 청나라는 홍콩을 영국에 넘긴다.

상해 등 5개 항구를 개방하고 영국 영사관의 설립을 허용하도록 한다.

청나라는 아편 배상금으로 영국에 600만 달러를 지불한다.

이런 내용을 담고 있는 〈난징 조약〉은 중국은 물론이고, 아시아의 여러 나라에 큰 충격을 안겨 줬어.

"이럴 수가! 청나라가 영국에게 무릎을 꿇고, 굴욕적인 난징 조약을 맺다니! 아, 앞으로 아시아의 다른 국가들은 어떻게 될까?"

한편 영국이 청나라를 굴복시키고 〈난징 조약〉을 맺는 걸 지켜본 서양의 여러 나라들은 먹이를 발견한 하이에나처럼 아시아 국가들을 향해 달려들었어.

"우리도 영국처럼 아시아 국가들과 조약을 체결하고, 무역을 해서 돈을 벌자!"

이때부터 서양 강대국들은 아시아 국가들을 무력으로 개항시키고, 자기 나라에만 유리한 불평등 조약을 체결하도록 강요했단다.

조선 최초의
국제 조약
〈강화도 조약〉

청나라가 영국에게 무참하게 무너져 버리자 조선에도 큰 변화의 바람이 불기 시작했어. 서양의 강대국들 중에서 가장 먼저 조선에게 개항을 요구한 나라는 프랑스와 미국이었어.

1866년, 당시 조선의 정권을 쥐고 있던 흥선 대원군은 천주교 금지령을 내렸어.

"서양의 종교인 천주교를 믿는 사람은 모두 처벌하라."

이로 인해 불과 몇 개월 사이에 프랑스 선교사 9명과 천주교를 믿는 한국인 8,000여 명이 목숨을 잃었지.

프랑스는 선교사들의 죽음에 대한 책임을 묻겠다며 강화도로 쳐들어왔어. 선교사의 죽음을 꼬투리 삼아 개방을 요구하는 건 당시 서양 강대국들이 흔히 쓰던 수법이었어. 프랑스 군은 강화도를 점령하고, 많은 귀중품들을 약탈해 갔어.

하지만 조선은 끝까지 저항하며 프랑스의 개항 요구를 물리쳤어. 이 사건을 가리켜 '병인양요'라고 부른단다.

1866년 7월, 이번엔 미국 상선 제너럴셔먼 호가 평양 근처까지 왔어. 미국은 겉으로는 통상을 요구했지만 그들의 속내는 따로 있었어. 몰래 평양에 있는 왕릉을 도굴하려고 했던 거지. 미국인들은 항의하는 조선 관리에게 총까지 쏘아 댔단다. 이에 화가 난 평양 백성들은 제너럴셔먼 호에 불을 질렀고, 선원들은 모두 죽음을 당했지.

그로부터 5년 후, 미국은 이 사건을 트집 잡으며 강화도로 쳐들어왔어. 조선은 이번에도 미국과 끝까지 맞서 싸웠어. 미국은 결국 한 달 만에 강화도에서 철수할 수밖에 없었지. 1871년에 일어난 이 사건을 '신미양요'라고 해.

프랑스와 미국의 통상 요구를 막아 낸 조선 정부는 아주 극단적인 쇄국 정책을 펼쳤어.

"앞으로 조선은 서양 강대국들과 절대 접촉하지 않겠다. 조선 백성들은 서양 오랑캐들이 이 땅에 발을 붙이지 못하도록 철저히 경계하라."

이처럼 조선은 프랑스와 미국의 통상 요구를 잘 막아 냈어. 하지만 일본의 통상 요구를 막아 내지는 못했단다.

1875년 9월 20일, 강화도의 초지진 앞바다에 웬 낯선 보트 한 척이 나타났어. 보트는 강화도의 초지진을 향해 몰래 다가왔어. 초지진을 지키고 있던 조선군은 정체불명의 보트가 다가오자 대포를 쏘며 경고했지. 그러자 갑자기 일본의 군함 운요 호가 나타나 초지진을 향해 대포를 마구 쏘았어. 이건 누가 봐도 일본의 무력 침략이었지.

그런데 방귀 뀐 놈이 성낸다고 오히려 일본이 조선에게 책임을 물었단다.

"우리는 강화도 초지진에 물을 얻으러 갔을 뿐인데, 조선군이 먼저 우리 일본군을 공격했다."

사실 이 사건은 일본이 일부러 일으킨 사건이었어. 어떻게 해서든 꼬투리를 잡아 조선과 통상 조약을 맺으려고 계획적으로 벌인 사건이었지.

"일본 관리가 강화도에 가서 조선 관리와 조일 조약을 맺을 것이다. 만약 조선의 관리가 조약을 체결하지 않으면 일본은 곧장 한양으로 쳐들어갈 것이다."

1876년 2월 27일, 조선은 하는 수 없이 강화도에서 일본과 조

약을 맺었어. 이것이 바로 조선이 맺은 최초의 근대 조약인 〈강화도 조약〉이란다.

그런데 일본은 왜 그렇게 조선과 조약을 맺고 싶어 했을까? 아시아에서 가장 먼저 근대화를 이룬 일본은 서양 강대국들과 어깨를 나란히 하고 싶었어. 그래서 일찍부터 서양 강대국들처럼 식민지를 가지려고 안간힘을 썼지. 그 첫 번째 대상이 바로 조선이었던 거야. 그리고 조선을 식민지로 만들기 위한 첫걸음이 바로 〈강화도 조약〉이었던 거지.

〈강화도 조약〉은 일본에게만 유리한 불평등 조약이었어. 하지만 당시 조선은 이러한 일본의 꿍꿍이를 모르고, 아무런 대책 없이 〈강화도 조약〉을 체결하고 말았어.

〈강화도 조약〉을 체결한 이후 조선은 쇄국 정책을 포기하고, 미국, 영국, 러시아, 이탈리아, 프랑스 등과 잇달아 통상 조약을 맺게 되었단다.

지구촌 국가들의 연합체 -UN

UN은 왜 만들어졌을까요?
UN의 안전 보장 이사회
UN의 활동
UN과 우리나라

UN은 왜 만들어졌을까요?

조약에 대해 본격적으로 알아보기 전에 우선 세계 최고의 국제기구인 UN에 대해 알아보자. 왜냐하면 세계 여러 나라는 UN을 통해 크고 작은 조약을 맺고 있거든. 그럼 우선 UN이 왜 만들어졌는지부터 살펴보도록 할까?

근대 국가로 발전한 세계 여러 나라는 많은 조약을 맺으며 서로 사이좋게 지내려고 노력했어. 하지만 국가 간에 서로 사이좋게 지낸다는 게 말처럼 쉽지 않았지. 조약을 무시하고 자기 나라에만 이익이 되는 행동을 하는 나라가 자꾸 늘어났거든. 그 바람에 늘 크고 작은 다툼이 일어났단다.

결국 1914년 제1차 세계 대전이 터졌고, 이 전쟁으로 죽은 사람이 무려 1천만 명에 달했어.

"전쟁으로 이렇게 많은 사람들이 죽었으니 이제 다시는 전쟁을 하지 않겠지."

제1차 세계 대전이 끝났을 때만 해도 많은 사람들이 이렇게 생각했어. 하지만 웬걸! 제1차 세계 대전이 끝난 지 얼마 되지 않은 1939년에 제2차 세계 대전이 일어났단다. 제2차 세계 대전으로 인해 4천만 명이 넘는 사람들이 목숨을 잃었지. 4천만 명이면 우리나라 전체 인구와 맞먹는 어마어마한 수란다.

두 차례의 세계 대전으로 수많은 사람들이 목숨을 잃었고, 국토가 황폐화되자 사람들은 소리 높여 외쳤어!

"지금처럼 모든 나라가 자기 나라의 이익만 생각하다가는 또다시 세계 대전을 치러야 할지 모릅니다."

"만약 제3차 세계 대전이 일어나면 인류는 멸망할 겁니다."

"지금이라도 하루속히 국제적인 협력 단체를 만들 필요가 있습니다."

이렇게 해서 만들어진 국제단체가 바로 UN이야. 1945년에 세계 50개 국가의 대표들이 모여 UN을 만들었지.

2010년 현재 UN에는 192개의 회원국이 있어. 지구상의 거의 모든 국가가 UN의 회원국인 셈이지. UN을 빼놓고서는 국제 관계를 말할 수 없을 정도로 UN은 아주 중요한 국제기구야. UN은 국가와 국가 간에 일어나는 여러 가지 문제를 중간에서 중재해 주고, 세계 여러 국가들과 많은 조약을 맺으며 세계 평화를 위해 노력하고 있어.

UN의 안전 보장 이사회

세계 최고의 국제기구인 UN은 누가 이끌어 가고 있을까? UN에는 '안전 보장 이사회', '경제 사회 이사회', '국제 사법 재판소' 같은 기구가 있는데 바로 이 기구들이 UN을 이끌어 가고 있어.

이 중 가장 강력한 힘을 가지고 있는 기구는 바로 '안전 보장 이사회' 야. '안전 보장 이사회'는 상임 이사국인 5개 나라와 비상임 이사국 10개 나라로 구성되어 있어. 비상임 이사국의 임기는 2년인데 비해 상임 이사국은 언제까지나 계속 자리를 유지할 수 있어. 게다가 상임 이사국인 미국, 영국, 프랑스, 러시아, 중국 다섯 나라는 거부권이라는 특권을 가지고 있단다.

거부권이 뭐냐고? 예를 들어 볼게. 우리나라가 UN에 이런 요청을 했다고 가정해 보자.

"요즘 우리나라에 전쟁 위험이 있으니 UN군을 파병해 주십시오."

이때 UN의 모든 회원국들이 찬성해서 만장일치로 다음과 같은 결의안을 만들었다고 쳐.

"대한민국에 UN군을 파병합시다!"

그럼 당연히 이 결의안이 채택되어야겠지? 하지만 문제가 그리 간단하지가 않단다. '안전 보장 이사회' 5개 상임 이사국 중 어느 한 나라가 반대를 하면, 그 결의안은 물거품이 되고 말아. 192개국 회원국들이 모두 찬성했더라도 말이지. 이게 바로 거부권이란다.

예를 들어, 학급회의 시간에 한 아이가 '일주일마다 각 모둠

별로 돌아가면서 청소를 합시다.'라는 의견을 냈어. 그리고 모든 아이들이 찬성을 했지. 그럼 이 의견은 당연히 다수결 원칙에 따라 채택되어야 하잖아. 하지만 그 반에서 가장 힘이 센 한 아이가 "난 싫어."라고 말하면, 그 의견은 그것으로 끝이라는 거야.

UN에서는 실제로 이런 일이 많이 일어나고 있어. 1983년 9월 구소련이 우리나라 비행기를 미사일로 격추시킨 적이 있어. 뉴욕을 출발한 대한항공기는 구소련의 사할린 부근 하늘을 날아가고 있었지.

그런데 갑자기 소련 전투기가 나타나 미사일을 발사했단다. 이 사건으로 비행기에 탔던 269명 전원이 목숨을 잃었어. 민간인이 탄 비행기를 격추시키다니 정말 말도 안 되는 일이지? 당연히 전 세계의 언론은 구소련이 한 짓을 규탄했어.

"소련은 반성하라!"

"소련은 잘못을 인정하고 대한민국에 머리를 숙여라."

하지만 소련은 뻔뻔하게 말도 안 되는 변명을 늘어놓았어.

"우리는 미국의 전투기인 줄 알고 미사일을 발사했을 뿐이다. 우리에게는 잘못이 없다."

그러자 UN에서는 소련을 비난하는 결의안을 채택했어. 그런데 그 결의안은 휴지 조각이 되고 말았단다. 왜 그랬을까? 그렇지! '안전 보장 이사회'의 5개 상임 이사국들은 거부권을 행사할 수 있다고 했잖아. 소련이 자기 나라를 비난하는 그 결의안에 거부권을 행사했던 거야.

2004년 10월에는 이스라엘과 팔레스타인의 무력 충돌이 있었어. 이스라엘 군이 팔레스타인 사람들이 살고 있는 가자 지구에 들어가서 마구잡이로 총을 쐈어. 그 바람에 수많은 팔레스타인 민간인들이 목숨을 잃었지.

이때도 UN은 다음과 같은 결의안을 채택했어.

"UN은 이스라엘 군이 지금 당장 팔레스타인 가자 지구에서 철수할 것을 요구한다."

하지만 이 결의안도 결국 미국이 거부권을 행사하는 바람에 채택되지 못했단다. 미국은 이스라엘이 가자 지구에서 철수하지 않기를 바라고 있었거든.

또한 '안전 보장 이사회' 상임 이사국은 UN의 사무총장을 뽑을 때나, 새로운 국가가 UN 회원으로 들어오고 싶어 할 때도 거부권을 행사할 수 있어. 즉 '안전 보장 이사회' 다섯 나라에 밉보이면 사무총장으로 뽑힐 수도 없고, UN의 회원국이 될 수도 없다는 얘기지.

어때? 이 정도면 미국, 영국, 프랑스, 러시아, 중국이 UN에서 얼마나 막강한 힘을 행사하고 있는지 알겠지?

UN이 정해 놓은 행동 원칙 중에는 다음과 같은 조항이 있어.

'모든 UN의 회원국들은 똑같은 권리를 가진다.'

하지만 실제로 전혀 그렇지 않아. UN의 192개 국가 중 미국, 영국, 프랑스, 러시아, 중국 다섯 나라는 엄청난 힘을 행사하고 있고, 나머지 국가는 '안전 보장 이사회' 5개 상임이사국처럼 강한 힘을 가지기 위해 애쓰고 있단다.

UN의 활동

UN은 국제 사회의 평화를 위해 많은 노력을 하고 있어. 그 중에서 가장 중요한 임무는 'UN 평화 유지군'의 활동이야. 어떤 나라에서 전쟁이 일어나거나 분쟁이 생기면 UN에서는 'UN 평화 유지군'을 그 나라로 보낸단다.

2007년 7월, UN 회원국인 우리나라는 레바논에 'UN 평화 유지군' 자격으로 동명 부대를 파견한 적이 있어.

"대한민국 동명 부대의 임무는 레바논과 이스라엘 사이에 일어나는 분쟁을 막는 것입니다. 서로 무력으로 대립하고 있는 레바논과 이스라엘 사이에서 무력 충돌이 더 이상 확대되지 않도록 감시하는 역할을 해 주십시오."

레바논에 파견된 동명 부대는 아주 모범적인 활동을 펼쳤어.

'UN 평화 유지군'들은 전쟁에 직접 개입하지 않아. 어느 한 나라의 편을 들지도 않지. 그럼 'UN 평화 유지군'은 구체적으로 무슨 일을 하는 걸까? 레바논에 파견된 동명 부대는 다친 주민들을 무료로 치료해 주고 있어. 주민들이 키우는 가축들을 돌봐 주기도 하지. 뿐만 아니라 태권도 교실, 컴퓨터 교실 등을 운영하며 아이들을 가르치기도 해. 이처럼 'UN 평화 유지군'은 의료 지원 및 민간인들을 위한 활동을 한단다.

UN의 활동 중 빼놓을 수 없는 게 바로 '국제 사법 재판소'의 활동이야. '국제 사법 재판소'는 국가 간의 분쟁을 법적으로 해결하는 일을 하고 있는데, '국제 사법 재판소'의 법관은 모두 다른 국적을 가지고 있는 15명의 판사로 구성되어 있어.

학교 생활을 하다 보면 누가 옳고 그르냐를 놓고 다툴 때가 있지? 그럴 때 누군가 나서서 옳고 그름을 판단해 주면 좋잖아. 나라와 나라 사이도 마찬가지야. 나라와 나라 사이에는 항상 여러 가지 다툼이 생겨.

"이곳은 우리 땅이다."

"아니다, 이곳은 옛날부터 우리 땅이었다."

바로 이럴 때 '국제 사법 재판소'가 나서서 누구의 주장이 옳은지를 판단해 주는 거지.

하지만 '국제 사법 재판소'는 두 국가가 모두 동의하는 경우에만 재판을 시작해. 무슨 얘기냐 하면, A라는 나라와 B라는 나라 사이에 심각한 다툼이 일어났다고 생각해 보자. 이때 A라는 나라가 '국제 사법 재판소'에 다툼을 해결해 달라고 부탁을 했어. 그런데 B라는 나라가 이렇게 말할 수 있겠지.

"우리나라의 문제는 우리가 해결할 테니까 '국제 사법 재판소'는 우리 일에 끼어들지 마시오."

이렇게 되면 '국제 사법 재판소'는 두 나라 사이의 분쟁에 간섭할 수 없어.

1954년 일본은 독도 문제를 '국제 사법 재판소'에 부탁했어.

"독도는 일본 땅입니다. '국제 사법 재판소'에서 이 문제를 해결해 주십시오."

하지만 '국제 사법 재판소'는 독도 문제를 재판할 수 없었어. 왜냐하면 우리나라는 재판이 열리는 걸 원하지 않았거든.

"독도는 원래 대한민국 땅입니다. 그런데 왜 일본과 재판을 해야 합니까? 일본은 독도 문제를 '국제 사법 재판소'에서 다루게 함으로써 국제 사회의 관심을 끌려고 하는 것입니다. 대한민국은 독도 문제로 재판을 할 이유가 전혀 없습니다."

이 때문에 '국제 사법 재판소'는 독도 문제로 재판을 하지 못했단다.

또한 '국제 사법 재판소'는 일반 법원들처럼 판결을 내리지 않아. 다만 자신들의 의견을 제시할 뿐이지.

"'국제 사법 재판소'에서는 A라는 나라의 주장이 옳다고 생각합니다."

따라서 '국제 사법 재판소'의 결정을 억지로 따를 필요는 없어. 예를 들어, '국제 사법 재판소'에서 독도가 우리나라 땅이라고 결정을 내려 주었다고 해서 끝이 나는 게 아니라는 말이야. 재판에서 지더라도 일본은 또 다시 '독도는 일본 땅!'이라는 터무니없는 주장을 할 수 있어.

하지만 '국제 사법 재판소'의 결정은 국제 여론의 형성에 아주 중요한 역할을 해. 세계 여러 나라에서 재판 결과를 지켜보고 있기 때문에 '국제 사법 재판소'에서 나온 결정을 완전히 무시하고 자기 마음대로 하는 나라는 거의 없단다.

우리나라는 건국부터 지금까지 UN과 아주 깊은 관계를 가지고 있어.

1945년 일본 히로시마에 원자 폭탄이 떨어지자 일본은 연합국에 항복을 했어.

"일본은 연합군에게 무조건 항복합니다."

그해 8월 15일 우리나라는 일본의 식민지에서 해방되었지. 그런데 해방 후에도 우리나라는 아직 새로운 정부를 세우지 못하고 있었단다. 미국과 소련은 그런 우리나라를 돌봐 주겠다며 군대를 보내왔어. 소련은 한반도 북쪽에, 미국은 한반도 남쪽에 군대를 배치하고 서로 팽팽하게 맞섰지.

미국과 소련이 38선을 그은 건 자기들의 이익 때문이었어. 소련은 미국을 따르는 세력이 한반도를 차지하는 걸 바라지 않았어. 마찬가지로 미국은 소련을 따르는 세력이 한반도를 차지하는 걸 원치 않았지.

결국 UN에서는 'UN 한국 임시 위원단'을 우리나라로 보냈어.

"UN 한국 임시 위원단은 한국이 새로운 정부를 세울 수 있도록 도와주시오."

그러나 소련은 'UN 한국 임시 위원단'이 38선 이북으로 넘어가는 걸 허락하지 않았어. 그래서 하는 수 없이 'UN 한국 임시 위원단'은 남한에서만 총선거를 실시하도록 했지. 그 결과 1948년 8월 15일에 대한민국 정부가 출범하게 된 거란다. 그리고 1948년 UN 총회는 대한민국이 유일한 합법 정부라는 결의안을 통과시켰어.

"대한민국은 정당한 선거를 통해 수립된 정부이므로 유일한 합법 정부임을 인정합니다. 이로써 대한민국은 외교 통상부의 일원으로 정식 출범하게 되었음을 전 세계에 알립니다."

1950년 6월 25일 북한이 남한을 무력으로 침략하자 UN은 결의안을 채택했어.

"북한은 침략 행위를 즉시 중지하고, 38선 이북으로 철수해야 한다."

하지만 북한은 UN의 결의안을 무시하고 침략 행위를 계속했지. 그러자 UN의 16개 나라는 UN 연합군을 만들어 한국 전쟁에 참전했어. 그 덕분에 한국 전쟁은 빨리 끝나게 되었단다.

이 정도면 UN과 우리나라가 얼마나 깊은 관련이 있는지 알 수 있을 거야.

전쟁이 끝난 후 우리나라는 UN에 가입하길 원했어. UN이 우리나라를 도운 것처럼 우리나라도 UN에 가입해서 어려운 나라를 도우려고 했던 거야. UN의 회원국들도 우리나라가 UN에 가입하는 걸 찬성했어. 그런데 소련이 거부권을 행사하는 바람에 우리나라의 UN 가입은 물거품이 되고 말았단다.

"우리 소련은 자유주의 국가인 남한이 UN에 가입하는 걸 반대합니다."

당시 공산 국가였던 소련은 같은 공산 국가인 북한을 지지하고 있었거든.

그 후 우리나라는 1958년과 1973년에도 UN 가입 신청을 했지만, 그때마다 소련의 반대로 좌절할 수밖에 없었어.

우리가 UN에 가입한 건 1991년이야. 우리나라는 북한과 함께

UN에 가입하기로 했고, '안전 보장 이사회'에서는 만장일치로 우리나라와 북한의 UN 가입을 지지해 주었단다.

그 후 우리나라는 환경, 인권, 아동 문제, 가난 극복 문제, 군비 축소 문제 등 UN의 활동에 적극적으로 참여했어. 그 덕분에 현재 우리나라는 UN에 꼭 필요한 나라가 되었지.

그리고 2006년에는 반기문 장관이 만장일치로 UN 사무총장으로 임명되었어. 최초의 한국인 사무총장이지. 또한 우리나라는 UN 회원국으로서 소말리아, 앙골라, 동티모르 등에 'UN 평화 유지군'을 파견해 세계 평화에 크게 이바지하고 있단다.

인권에 대한 조약

인간이 마땅히 누려야 할 권리
UN을 통한 인권 보호의 약속
〈경제적·사회적·문화적 권리에 관한 국제 조약〉
〈인종 차별 철폐 국제 조약〉
〈여성 차별 철폐에 관한 조약〉
〈아동 권리 조약〉
〈난민 지위에 관한 조약〉

인간이 마땅히 누려야 할 권리

20세기 초반까지만 해도 세계 곳곳에서는 툭 하면 인권을 침해하는 일이 일어났어. 인권은 '인간이 마땅히 누려야 할 권리'를 말해.

영국과 프랑스 같은 나라들은 식민지를 만들면서 식민지 국가의 국민들을 노예로 취급했어.

"식민지 국민들은 우리보다 미개한 인간들이다. 말을 안 들으면 죽여도 좋다."

또한 미국은 아주 오랫동안 흑인들의 인권을 무시해 왔어.

"흑인들은 우리의 노예다. 흑인들은 백인들과 똑같은 투표권을 가질 수 없다. 흑인들은 직업을 마음대로 선택할 권리도 없다. 흑인들은 백인들의 노예로 살아야 한다."

소련이나 중국 같은 공산주의 국가에서의 인권 침해 역시 심했어. 이들 나라에서는 사람 목숨을 혁명을 위한 도구처럼 여겼단다.

"공산주의 혁명을 이루는 데 방해되는 사람들은 고문을 해도 괜찮고, 때에 따라서는 죽여도 상관없다. 우리는 우리의 목적만 달성하면 된다."

20세기 초반까지 국제 사회는 이러한 인권 문제를 그냥 못 본 체하고 넘어갔어. 왜냐하면 그때는 개인의 인권보다 국가를 더 중요하게 생각했거든.

"국제 사회는 국가의 정책에 대해 간섭할 수 없다. 자기 나라 국민에 대한 문제는 국가가 알아서 할 일이다."

하지만 두 차례의 세계 대전을 치르고, 죄 없는 사람들이 수없이 죽자 이러한 생각도 조금씩 변하기 시작했어.

제1차 세계 대전 당시 일본은 중국인을 수천만 명 잔인하게 죽였어. 사람들을 웅덩이에 산 채로 묻어 놓고 총을 쏘기도 했지. 또 수백만 명의 한국 사람들이 억지로 전쟁터로 끌려가 목숨을 잃었어. 한국의 젊은 여성들은 일본 군인들을 위한 위안부로 이용되기도 했지.

제2차 세계 대전 중에는 더 끔찍한 일이 벌어졌어. 독일의 히틀러는 군인들에게 끔찍한 명령을 내렸어.

"유럽에 사는 유대 인들을 모두 강제 수용소에 몰아넣어라. 그리고 협조하지 않는 유대 인들은 다 죽여라."

이로 인해 6백만 명에 달하는 유대 인들은 나치 독일에 의해 학살되었어. 나치 독일은 그들을 죽이기 전에 인간 생체 실험을 하기도 했어. 유대 인들을 한방에 몰아넣고 독가스를 넣은 다음 얼마나 버티는지 실험을 하기도 했지.

이런 일들이 일어나기 전까지만 해도 전쟁이 끝나면 전쟁 중에 일어난 인권 침해에 대해서는 문제를 삼지 않았어. 하지만 독일

과 일본이 저지른 충격적인 사건을 경험하고 난 후 국제 사회는 생각을 바꾸었단다.

"자기 나라 국민이나 식민지 국가의 국민에 대해 잔인한 짓을 하는 국가에 대해서는 경고를 해야 합니다."

"맞습니다. 다시는 이런 사건이 일어나지 않도록 해야 합니다. 독일과 일본이 인간에게 저지른 범죄에 대해서는 꼭 처벌해야 합니다."

국제 사회는 독일과 일본을 처벌할 필요가 있다는 데 합의했어. 잔인하게 사람들을 죽인 독일인과 일본인에 대해서도 책임을 물었지.

"전쟁을 일으켜 수많은 사람들의 목숨을 앗아 간 도조 히데키

육군 대장 등 28명의 A급 전범은 사형 또는 무기 징역에 처한다!"

A급 전범이란 침략 전쟁을 일으킨 정치, 군사 지도자들을 가리키는 말이야.

이런 일이 있은 뒤부터 국제 사회는 자기 나라 국민들의 인권은 물론이고, 다른 나라 국민들의 인권도 중요하다는 생각을 하기 시작했단다.

UN을 통한 인권 보호의 약속

제2차 세계 대전이 끝난 직후 UN도 인권 보호에 앞장 서기 시작했어. 모든 UN 회원국들에게 인권 보호를 위해 노력해 줄 것을 당부했지.

"모든 사람은 차별 없이 인권을 보호받아야 하고, 기본적인 자유를 누릴 수 있어야 합니다. 이를 위해 UN 회원국들은 국제적인 협력을 해야 합니다."

UN은 한 발짝 더 나아가 본격적으로 인권 문제를 다루기 위해 1946년에 '인권 위원회'를 만들었어.

"UN 인권 위원회의 임무는 각국이 제출한 인권 보고서를 평가하는 것입니다. 그리고 필요하면 특사를 임명하여 특정 국가의 인권 상황을 조사할 수 있습니다."

이렇게 해서 탄생한 '인권 위원회'는 1948년에 '세계 인권 선언'을 발표했어. 여기서 잠깐, '세계 인권 선언'을 살펴보고 넘어가도록 하자.

"모든 인간은 자유롭고, 평등한 권리를 가지고 태어났다. 따라서 모든 인간은 인종, 피부색, 성별, 언어, 종교, 정치적 견해, 사회적 출신, 재산, 가문 등에 의한 구별 없이 똑같은 권리와 자유를 누릴 자격이 있다."

'세계 인권 선언'은 인간이 누릴 정치적 권리에 대해서도 선언하고 있어.

"모든 인간은 평화적 집회와 결사의 자유를 누릴 수 있는 권리가 있으며, 정치에 참여할 권리가 있다. 또한 모든 인간은 자유로운 직업을 선택할 수 있고, 교육받을 권리가 있다."

'세계 인권 선언'은 '인권이 무엇인가?'에 대한 기준을 마련해 주었다는 점에서 매우 가치 있는 선언이었어.

　하지만 '세계 인권 선언'이 아무리 좋은 내용이면 뭐 해? 조약이 아니니까 법적인 책임이 없었지. 그래서 UN은 회원국들에게 '국제 인권 조약'이라는 조약을 체결하자고 했어.

　'세계 인권 선언'과는 달리 〈국제 인권 조약(International Human Rights Treaties)〉은 조약에 가입한 당사국들이 법적인 책임을 지는 조약이야. 일단 이 조약에 가입하면 조약의 내용에 따라야 해. 만약 조약의 내용을 어기면 그에 따른 대가를 치러야만 하지.

　〈국제 인권 조약〉에 가입한 나라들은 국민들의 인권 문제에 신경을 쓰기 시작했어. UN이 눈에 불을 켜고 각 국가들이 조약을 잘 지키는지 감시를 하고 있었거든.

〈경제적·사회적·문화적 권리에 관한 국제 조약〉

국제 인권 조약을 체결했다고 해서 인권을 침해하는 행위가 끝났을까? 여전히 세계 인구 중 10억 명 이상이 가난과 기아 속에서 살고 있어. 또 15억 명 이상의 사람들이 깨끗한 마실 물을 구하지 못해 고통받고 있지. 그뿐만이 아니야. 아직도 세계 곳곳에는 배가 고파서 죽는 어린이들이 수없이 많단다.

오랜 내전으로 고통 받고 있는 아프리카의 앙골라에서는 우리가 생각하지도 못할 끔찍한 일들이 벌어지고 있어.

찰리는 앙골라에서 1년 정도 봉사 활동을 한 '국경 없는 의사회'의 의사야. 어느 날, 한 아이가 들것에 실려 찰리가 봉사 활동을 하고 있는 병실로 들어왔대. 아이는 어깨에 총을 맞고 피를 흘리고 있었지. 다행히 총알이 스쳐 지나갔기 때문에 수술을 하면 목숨을 구할 수 있었어. 수술이 끝난 후 찰리가 아이에게 물었어.

"애야, 누가 너에게 총을 쐈니?"

그러자 아이는 주저주저하며 말을 했대.

"저는 거리에서 물건을 팔며 돈을 벌고 있어요. 그런데 한 경찰관이 저에게 돈을 요구했어요. 제가 돈을 주지 않자 경찰관이 제게 총을 쐈어요."

앙골라에서는 차들이 쌩쌩 달리는 도로 위에서 차 사이를 누비며 물건을 파는 아이들이 많아서 경찰관들이 단속을 자주 하지.

인권이 보장되는 우리나라에서는 절대 생각할 수도 없는 일이지. 하지만 앙골라에서는 거의 매일 이런 일들이 일어나고 있단다. 이런 나라에 과연 인권이 존재한다고 말할 수 있을까?

인권을 무시하는 나라는 앙골라만이 아니야. 인도 정부는 몇십 년 전에 이미 신분 제도를 없애겠다고 선언했어.

"인도에서는 이제 신분 제도가 사라졌습니다. 누구나 자기가 하고 싶은 일을 할 수 있습니다. 또한 모든 사람은 평등하게 태어났습니다. 남자와 여자는 평등한 권리를 가집니다."

하지만 인도의 현실은 그렇지 않아. 인도는 여전히 인권의 사각 지대야. 인도에서는 평생 빨래를 해야 하는 직업을 가진 사람들을 '도비왈라'라고 하는데, 이들은 어렸을 때부터 죽을 때까지 계속 빨래를 해야만 해. 좀 더 나은 직업을 가지고 싶어도 그럴 수가 없어. 높은 계층에 있는 사람들이 인정을 하지 않기 때문이지.

이뿐만이 아니야. 인도에서는 특히 여자들의 인권 침해가 심각해. 인도에서는 여자들이 결혼할 때 돈을 가져가야 해. 이를 '결혼 지참금'이라고 하지. 그런데 얼마 전에는 결혼 지참금을 적게 가져왔다고 남자 쪽 가족들이 여자를 산 채로 불에 태워 죽이는 일도 일어났단다.

그래서 UN은 〈국제 인권 조약〉만으로는 부족하다고 판단하고, 〈경제적·사회적·문화적 권리에 대한 국제 조약(International Covenant on Economic, Social and Cultural Rights)〉을 체결하기로 약속했어.

이 조약은 국가가 어린이, 노인, 여성, 임산부, 장애인 등 사회적 약자에게 좀 더 관심을 가져야 한다는 점을 강조하고 있어.

"남녀는 평등해야 합니다. 또 모든 사람이 노동에 의해 생계를 유지할 권리를 가져야 합니다. 그리고 국가는 노동의 권리를 보호하기 위해 필요한 조치를 취해야 합니다. 더 나아가 모든 사람들은 노동조합을 만들고 가입하며 파업할 권리를 가질 수 있습니다."

UN에서는 〈경제적·사회적·문화적 권리에 대한 국제 조약〉을 체결한 나라들이 이 조약을 잘 지키고 있는지 늘 감시하고 있단다.

<인종 차별 철폐 국제 조약>

불과 몇 십 년 전까지만 해도 세계 곳곳에서는 인종 차별이 심했어. 그중에서도 인종 차별이 가장 심했던 나라는 바로 남아프리카 공화국이야.

남아프리카 공화국은 흑인과 백인들이 모여 살고 있는 나라야. 남아프리카 공화국 국민이 모두 100명이라면 백인은 약 20명 정도이고, 80명 정도는 흑인이지. 그런데 많은 수의 흑인들에게는 투표권이 없었어. 왜냐하면 모든 정치를 백인들이 도맡아 했거든.

백인들은 자기들 마음대로 흑인들을 차별하는 법을 만들었어.

"흑인들은 백인들이 사는 마을에 들어올 수 없다. 흑인이 백인들의 마을에 허락 없이 들어오면 감옥에 보내겠다."

당시 백인들이 만든 엉터리 법 중에는 '백인과 흑인 분리법'이라는 것도 있었어.

"흑인들은 모든 것을 백인들과 따로 써야 한다. 기차, 버스, 화장실은 물론 음식점과 영화관 등도 따로 이용해야 한다."

백인들은 모든 공공장소에 '백인 전용', '흑인 전용'이라는 표지판을 붙이고, 흑인들은 '흑인 전용'에서만 생활하게 했어.

물론 흑인들도 가만히 있지는 않았지. 흑인들은 백인들의 엉터리 법에 반대하며 시위를 벌였어.

"흑인들을 차별하지 마라."

하지만 백인들은 무력을 앞세워 시위에 참가한 흑인들을 잡아들였어.

"법에 반대하는 흑인들은 가만두지 않겠다."

백인들은 계속 시위를 하는 흑인들에게 총을 쐈어. 그 바람에 수많은 흑인들이 목숨을 잃었지.

UN은 더 이상 남아프리카 공화국에서 일어나고 있는 일을 보고만 있을 수 없었어. 1973년 UN과 국제 사회는 남아프리카 공화국의 인종 차별 정책을 뿌리 뽑기 위해 '아파르트헤이트 범죄

의 진압 및 처벌에 관한 국제 조약'을 맺었어. 아파르트헤이트(apartheid)는 백인 정부에 의해 벌어지는 인종 차별 정책을 가리키는 말이야.

이 조약에 서명한 나라들은 남아프리카와의 외교 관계를 끊어 버렸어.

"남아프리카 공화국의 인종 차별 정책은 국제 사회의 안전을 위협하는 국제 범죄입니다. 우리는 남아프리카 공화국과 외교 관계를 끊을 것입니다."

또한 조약 당사국들은 남아프리카 공화국의 인종 차별 정책에 대해 강력하게 비판했어.

"인종 차별을 하는 남아프리카 공화국의 회사하고는 거래를 할 수 없다."

"비인간적인 정책을 펼치는 남아프리카 공화국과는 스포츠 경기도 하지 않겠다."

조약을 맺은 UN 회원국들이 한목소리를 내자 남아프리카 공화국 백인들의 생각도 조금씩 달라졌어.

"음, 이러다가는 국제 사회에서 외톨이가 되겠어."

"인종 차별 정책을 포기할 수밖에 없군."

결국 1994년 흑인인 넬슨 만델라가 남아프리카 공화국의 대통령으로 당선된 후 남아프리카 공화국의 인종 차별 정책은 사라졌단다.

이처럼 조약의 힘은 강해. 여러 나라가 조약을 맺고 인권을 차별하는 남아프리카 백인 정부에 압력을 넣자, 남아프리카 백인 정부는 인종 차별 정책을 포기하고 말았단다.

〈여성 차별 철폐에 관한 조약〉

여성은 아주 오래전부터 차별을 당해 왔어. 조선 시대 여성들은 다음과 같은 일곱 가지 잘못을 저지르면 집에서 쫓겨나야 했단다.

"시부모님을 잘 모시지 못한 경우, 대를 이을 아들을 낳지 못한 경우, 음란한 행동을 한 경우, 심하게 질투를 하는 경우, 나쁜 병이 있어 건강한 자식을 낳을 수 없는 경우, 말이 너무 많아 화목한 가정을 이룰 수 없는 경우, 도둑질을 하는 경우에 며느리를 쫓아낼 수 있다."

질투를 한다고 집에서 쫓아내다니! 정말 말도 안 되는 법이지? 하지만 조선 시대 사람들은 이것이 당연한 법이라고 생각했어. 그만큼 조선 시대에는 여성 차별이 심했단다.

물론 요즘에는 이러한 여성 차별이 많이 사라졌지. 그러나 아직도 세계 곳곳에서는 여성 차별이 심해.

이슬람교를 믿는 아프가니스탄은 여자들의 몸을 밖으로 드러내지 못하게 하고 있어. 또 여자가 남편이나 아들, 오빠가 아닌 남자와 얼굴을 마주쳐도 안 된단다. 그래서 아프가니스탄에서는 8세 이상의 여자들에게 꼭 '차도르'를 입도록 하고 있어. 차도르는 머리끝에서 발끝까지 온몸을 가리는 옷이야.

이런 옷을 입고 생활하는 건 너무 불편할 거야. 그래서 가끔 아프가니스탄의 여자들은 '차도르 반대 운동'을 벌이기도 해.

"차도르를 벗게 해 달라! 우리도 다른 나라의 여자들처럼 편한 옷을 입을 권리가 있다!"

하지만 아프가니스탄 정부는 '여자는 차도르를 쓰고 사는 게 당연한 것'이라며 고집을 부리고 있단다.

그뿐만이 아니야. 이슬람을 믿는 국가의 해수욕장에서는 비키니 수영복을 입은 여자를 만나기 힘들어. 여자들은 차도르 모양의 수영복을 입어야만 수영을 할 수 있기 때문이지.

물론 이슬람 국가라고 해서 다 그런 건 아니야. 터키도 이슬람교를 믿는 국가지만 터키 여자들은 대부분 검은 차도르를 쓰지 않아. 대신 '히잡'이라고 하는 천을 머리에 두르고 다니지. 터키 여자들은 비교적 자유롭게 생활하고 있어. 하지만 그렇다고 해서 남성과 완전히 평등한 생활을 하고 있는 건 아니야. 터키의 여성들은 아직 여러 가지 차별을 받으며 살고 있단다.

그래서 UN에서는 1979년에 〈여성 차별 철폐에 관한 조약(Convention on the Elimination of Discriminaton against Women)〉을 만들었어.

"여성 차별 철폐에 관한 조약에 서명한 국가들은 남성과 여성이 동등하고 기본적인 자유를 누릴 수 있도록 해야 합니다. 또 헌법과 법률에 남녀평등권을 강조하고, 여성 차별을 금지하는 법을 만들어야 합니다. 그리고 여성이 정치인이 되어 나라 일을 돌볼 수 있는 권리를 주어야 합니다."

그러나 아직 많은 국가들은 이 조약을 잘 지키지 않고 있어.

"우리 이슬람교를 믿는 나라들의 전통과 종교는 다른 나라와 다릅니다. 여성이 남성과 똑같은 생활을 할 수는 없습니다."

하지만 UN에서는 계속해서 〈여성 차별 철폐에 관한 조약〉을 체결한 국가들에게 조약을 잘 지킬 것을 요구하고 있어.

"여성 차별 철폐에 관한 조약에 서명한 국가는 의무적으로 조약을 지켜야 합니다. 만약 이 조약을 계속 안 지킨다면 국제 사회는 그 국가에 대해 끝까지 책임을 물을 겁니다."

국제 사회의 이런 압력이 계속되면 여성을 차별을 하는 아랍 국가들도 언젠가는 생각을 바꿀 거야.

아동의 권리에 대한 조약을 살펴보기 전에, 먼저 인권을 빼앗긴 어린이의 놀라운 숫자들을 잠깐 살펴보도록 하자.

218,000,000   노동하는 어린이 수
148,000,000   영양실조로 고통 받는 어린이 수
101,000,000   초등학교에 못 다니는 어린이 수
5,000   매일 오염된 물때문에 죽어 가는 어린이 수

이처럼 세계 곳곳에서는 수많은 어린이들이 행복하게 살 권리를 누리지 못한 채 고통 받고 있단다.

아프리카 콩고는 오랜 내전으로 고통을 받고 있는 나라야. 집과 병원, 학교는 모두 파괴되었고, 수많은 사람들이 목숨을 잃었지. 살아남은 사람들은 극심한 영양실조로 인해 굶주리고 있어.

그중에서도 가장 안타까운 건 아이들이야. 한창 부모의 보살핌을 받아야 하는 어린 아이들이 먹을 것을 구하기 위해 길거리로 나와 동냥을 하고, 장사를 하고 있단다.

콩고의 어린이들만 그런 게 아니야. 아프리카 가봉에는 자기 아이를 파는 부모들도 있어. 올해 나이 9살밖에 안 된 알라니라는 소녀는 남의 집에서 하녀 생활을 하고 있어. 알라니는 주인집 식구들이 남긴 밥으로 끼니를 채우고 있어. 청소를 할 때는 허리를 펴지도 못해. 왜냐하면 허리를 펴고 쉬면 주인아주머니한테 혼나기 때문이지. 주인집 식구들은 툭 하면 알라니를 굶겨.

또한 북한에는 먹을 것이 없어 굶어 죽는 아이들이 많아. 부모가 없어 거리에 나와 구걸하는 아이들을 '꽃제비'라고 하는데, 꽃제비들은 매일 거리에서 쓰레기통을 뒤지며 먹을 것을 찾아다녀.

세계 곳곳에는 이렇게 비참한 삶을 살고 있는 어린이들이 많아. 그래서 국제 사회는 1982년에 〈아동 권리 조약(Convention on the Rights of the children)〉을 맺었어.

"만 18세 이하의 모든 사람을 아동이라고 정의하겠습니다. 세계 모든 국가에는 아주 어려운 여건에서 살아가는 아동들이 있습니다. 이런 아동들에게는 특별한 배려가 필요합니다. 또한 이런 아동들을 보호하기 위해 국제 협력이 필요합니다."

〈아동 권리 조약〉에 가입한 국가들은 자기 나라의 아동들이 어떻게 살고 있는지에 대한 보고서를 써서 UN 사무총장에게 제출해야 해. UN 사무총장과 '아동 권리 위원회'는 이렇게 각 나라의 아동들이 정말 잘 살고 있는지 감시하고 있단다.

⟨난민 지위에 관한 조약⟩

국가는 자기 나라의 국민들을 잘 보호해 줘야 해. 그런데 모든 나라가 자기 나라의 국민들을 잘 보호해 주는 게 아니야. 이런저런 이유로 국민들을 괴롭히고, 심지어 죽이기까지 하는 나라도 있단다.

만약 네가 이런 나라에 산다면 어떻게 할래? 안전한 나라로 도망을 치고 싶겠지? 이렇게 자기 나라를 버리고 다른 나라로 도망친 사람들을 가리켜 '난민'이라고 해.

⟨난민 지위에 관한 조약⟩은 비교적 일찍 만들어졌어. 1951년 ⟨난민 지위에 관한 조약(Convention Relating to the Status of Refugees)⟩을 체결한 후, UN에서는 UN 난민 고등 판무관들로 하여금 세계 여러 곳에 흩어져 있는 난민들을 돕게 하고 있단다.

방글라데시의 나야파라는 지역은 미얀마에서 피난을 온 1만여 명의 난민들이 모여 살고 있는 곳이야. 불교가 국교인 미얀마에는 이슬람교를 믿는 사람들도 살고 있어. 그런데 불교를 믿는 대부분의 미얀마 국민들은 이슬람교를 믿는 사람들을 못살게 굴었어. 미얀마 정부에서는 그런 사정을 뻔히 알면서도 못 본 체하고 있었지.

이에 생명에 위협을 느낀 이슬람교도들은 국경 근처에 있는 방글라데시의 나야파라로 도망을 쳤어. 나야파라는 물도 없고, 생활 편의 시설도 없는 황무지야. 미얀마 난민들은 황무지에 텐트를 치고 하루하루를 힘겹게 버티고 있어.

UN의 난민 고등 판무관들은 나야파라에 머물고 있는 난민들을 위해 생활필수품을 전해 주는 등 여러 가지 일을 하고 있어.

방글라데시 정부는 미얀마 난민들이 미얀마로 돌아가기를 원했어. 하지만 〈난민 지위에 관한 조약〉 때문에 하는 수 없이 난민을 받아들였지.

1980년대는 아시아, 아프리카, 중앙아메리카에서 수많은 난민들이 생겨났어. 1979년 소련이 아프가니스탄을 침략하자 약 600만 명의 아프가니스탄 사람들이 이란, 파키스탄 등으로 탈출을 했어. 또 중앙아메리카의 과테말라, 엘살바도르 등의 정책에 반대하는 50만 명의 난민들은 미국과 멕시코 등으로 탈출했어.

만약 1951년 〈난민 지위에 관한 조약〉이 체결되지 않았다면 어떻게 되었을까? 그랬다면 아마 거의 모든 나라들은 난민을 받아들이지 않았을 거야.

"우리가 왜 다른 나라의 국민을 받아들여야 합니까? 우리는 싫습니다."

하지만 UN에 속한 대부분의 국가들은 〈난민 지위에 관한 조약〉을 체결했기 때문에 싫든 좋든 난민을 무조건 내칠 수 없단다. 조약에 서명한 이상 약속을 지켜야 하는 거지.

　이처럼 조약은 중요한 역할을 해. 특히 〈난민 지위에 관한 조약〉, 〈아동 권리 조약〉, 〈여성 차별 철폐에 관한 조약〉, 〈인종 차별 철폐 국제 조약〉 등은 인권을 지키고 보호하는 데 꼭 필요한 조약이야. 이러한 조약은 인간의 자유와 권리를 지키는 데 큰 역할을 담당하고 있단다.

바다에 대한 조약

바다의 주인은 누구일까요?
〈UN 해양법 조약〉
대한민국과 〈UN 해양법 조약〉

바다의 주인은 누구일까요?

세계 지도를 활짝 펴고 한번 살펴보자. 육지가 더 클까? 바다가 더 클까? 바다의 면적은 지구 총면적의 약 70퍼센트에 달하는 반면에 육지는 겨우 30퍼센트밖에 안 돼. 그래서 바다는 아주 오래전부터 많은 국가들의 관심사였어. 특히 해양술이 발달한 영국과 스페인 등 유럽의 여러 나라는 바다의 주권에 대해 관심이 많았지.

영국의 엘리자베스 1세가 영국 여왕이 되었을 때, 영국은 유럽의 구석에 있는 아주 가난한 섬나라였어. 엘리자베스 1세는 섬나라인 영국을 발전시키기 위해서는 영국 인근의 바다를 소유해야 한다고 생각했지.

"바다도 육지처럼 한 국가가 소유하는 게 좋다. 실제로 역사적으로 많은 나라들이 자기 나라 근처에 있는 바다를 소유해 왔다. 따라서 영국의 바다는 영국이 소유해야 한다."

하지만 네덜란드의 법학자 후고 그로티우스는 엘리자베스 1세의 생각에 반대해 '해양 자유론'을 주장했어.

"바다는 한 나라가 소유하기에는 너무 크고 넓다. 따라서 어떤 나라도 바다에 대해 소유권을 주장할 수 없다. 누구나 자유롭게 바다를 항해할 수 있어야 한다."

인근 바다를 자기 나라의 소유로 하고 싶었던 영국은 '해양 자유론'은 터무니없는 주장이라고 비난했어.

하지만 19세기에 접어들면서 영국의 입장은 180도 바뀌었단다. 19세기 영국은 막강한 해군력을 앞세워 세계 여러 나라에 식민지를 만들기 시작했어. 영국의 배들은 전 세계의 바다를 누비고 다니며 미국, 호주 등을 식민지로 삼았고, 아시아의 여러 나라에 진출해서 무역으로 많은 돈을 벌었지.

그러자 영국은 은근슬쩍 '해양 자유론'을 지지하기 시작했어.

"하긴, 바다에는 주인이 따로 있을 필요가 없다. 어느 나라도 지구의 넓은 바다를 자유롭게 이용하며 항해할 수 있는 권리가 있다."

바다를 이용해 세계 곳곳에 많은 식민지를 두었던 스페인과 포르투갈도 영국의 입장을 지지했어. 그들은 대서양과 지중해를 오가며 식민지의 수많은 보물과 아시아의 향신료 등을 실어 날라 막대한 돈을 벌어들이고 있었지.

하지만 20세기에 접어들면서 영국, 스페인, 포르투갈 등 유럽 강대국들의 영향력은 점차 줄어들기 시작했어. 그 틈을 놓치지 않고 아시아, 아프리카, 아메리카 대륙의 많은 국가들이 독립을 했지.

식민지였던 나라들은 독립을 하자마자 '바다에 대한 소유권 문제'를 들고 나왔어.

"이곳은 우리의 바다다!"

"무슨 소리! 바다의 주인이 따로 있냐?"

여러 국가가 서로 바다를 차지하려고 하다 보니까 바다에서는 늘 크고 작은 다툼이 일어났단다.

그러자 UN은 바다에 대한 조약을 만들기 위해 서둘러 회의를 소집했어.

"이대로는 안 될 것 같습니다. 육지의 영토를 나누는 것처럼 바다도 나누어 가지는 것이 좋을 것 같습니다."

이렇게 해서 1982년에 〈UN 해양법 조약〉이 만들어졌단다.

자, 그럼 먼저 〈UN 해양법 조약(United Nations Convention on the Law of the Sea)〉의 주요 내용을 살펴보도록 할까.

첫째, 영해의 폭을 12해리로 정한다.

둘째, 배타적 경제 수역을 200해리로 정한다.

셋째, 대륙붕과 심해저에 대해 합의를 한다.

너무 어려운 말이라고? 하지만 단어 뜻만 알고 나면 그리 어려울 것도 없단다.

'영해의 폭을 12해리로 정한다.'가 무슨 의미인지 알려면 우선 몇 가지 단어를 이해하고 있어야 해. 혹시 '영해'와 '공해'라는 말을 들어 본 적이 있니?

영해는 특정 국가의 영토와 마찬가지로 취급되는 바다를 가리키는 말이야. 그래서 우리나라의 영해는 우리나라 소유이기 때문에 다른 나라 배가 함부로 우리나라의 영해에 들어올 수 없단다.

그럼 '공해'는 뭘까? 공해는 한 마디로 주인 없는 바다를 가리키는 말이야. 그래서 공해에서는 모든 나라의 배가 자유롭게 항해할 수 있단다.

그럼 영해의 폭을 '12해리'로 정한다고 했는데, '해리'는 바다 위의 거리를 나타내는 단위로, 1해리는 1,852미터야.

18세기까지 유럽의 대부분의 국가들은 3해리를 영해로 정하고 있었어. 3해리는 약 5.5킬로미터 정도 돼. 그런데 왜 18세기에는 하필 3해리로 영해를 정해 두었을까?

그건 당시 무기의 힘과 관련이 있어. 당시에는 해적들의 횡포가 심했는데, 그들은 유럽 여러 나라의 해안가에서 노략질을 일삼았어. 심지어 사람을 잡아다 노예로 팔기까지 했지.

그러자 화가 난 유럽의 여러 나라는 서둘러 영해를 정했어.

"앞으로 각 나라의 영해를 3해리로 정하겠다. 허락 없이 3해리 안으로 들어오는 배는 적으로 생각하고 무조건 공격하겠다."

당시 유럽의 여러 국가들은 3해리 정도면 안전하다고 생각했어.

"해적들의 무기인 대포는 3해리 이상 미치지 못한다. 그러니까 3해리로 영해를 정해 두면 우리는 안전하다."

하지만 그 후 과학 기술이 발달하면서 3해리를 넘게 날아가는 무기가 수도 없이 만들어졌지.

"요즘은 3해리를 넘게 날아가는 무기가 많다. 하루 빨리 영해의 범위를 더 넓혀야 한다."

그래서 UN에서는 〈UN 해양법 조약〉을 체결하면서 영해의 폭을 12해리로 정한 거란다.

자, 그럼 '배타적 경제 수역을 200해리로 만든다.'는 말은 무슨 뜻일까?

배타적 경제 수역이란 다른 나라에 대하여 배타적으로 경제적 주권을 행사할 수 있는 지역을 가리키는 말이야.

아파트 단지 안에 있는 공원을 생각해 보자. 아파트 단지 안에 있는 공원에는 그 아파트 입주민들뿐만 아니라, 지나가는 사람도 잠시 쉬었다 갈 수 있어. 하지만 아파트 단지의 주민이 아닌 사람이 공원에 나무를 심는다거나, 공원 안에서 알뜰 시장을 연다거나 하는 일은 할 수 없잖아.

배타적 경제 수역도 이와 비슷해. 소유권을 가지고 있는 나라는 배타적 경제 수역 안에서 물고기를 잡거나, 바다 속의 자원을 탐사할 수 있어. 소유권이 없는 나라의 배는 배타적 경제 수역을 마음대로 지나다닐 수는 있지. 하지만 소유권이 없는 나라의 배는 이 지역에서 함부로 고기를 잡거나 바다 속의 자원을 개발할 수 없단다.

마지막으로 '대륙붕과 심해저에 대해 합의를 한다.'는 뜻은 뭘까? 대륙붕은 바다 속 수심 200미터 이내의 첫 번째 해저 지대를 가리키는 말이야. 그런데 이 대륙붕에는 석유, 천연 가스 등 천연 자원이 엄청나게 매장되어 있어.

이런 사실을 처음으로 안 나라는 미국이었어. 1945년 미국은 대륙붕의 가치를 알자마자 재빨리 대륙붕이 자기 나라의 소유라는 것을 선언했단다.

"미국 정부는 미국 연안에 있는 대륙붕과 해저의 천연 자원이 미국의 속해 있고, 미국의 관리 하에 있다는 것을 선언합니다."

다른 나라라고 가만히 있지는 않았겠지? 인도, 브라질, 칠레

등 대부분의 나라들도 앞다퉈 자기 나라 근처에 있는 대륙붕은 자기 나라의 소유라고 주장했단다.

심해저는 2,000미터보다 깊은 바다 속을 가리키는 말이야. 이 심해저는 대부분 바다 한가운데 있기 때문에 어느 나라의 소유도 아니야. 그래서 1970년 UN 총회에서는 이런 선언을 발표했어.

"심해저는 어느 나라의 소유라고 할 수 없다. 인류의 공동 유산으로 평화적인 목적으로 이용되어야 한다. 심해저의 개발과 탐사는 인류 전체의 이익을 고려해야 한다."

그런데 만약 어떤 나라가 이러한 〈UN 해양법 조약〉을 지키지 않으면 어떻게 될까? 우선 분쟁을 일으킨 당사국 간에 서로 평화적으로 해결하는 게 우선이야. 예를 들어 중국 군함이 우리나라 영해로 들어왔다고 하자. 그럼 우리나라는 중국 정부에게 이 문제를 처리해 달라고 할 수 있어.

"중국 정부는 중국 군함이 우리나라 영해 안으로 들어오지 못하도록 조치를 취해 주시오."

중국 정부가 우리의 요구를 받아들이고 다시는 그런 일이 안 일어나도록 하겠다고 사과를 하면 마무리가 돼. 하지만 중국 정부가 우리의 경고를 무시하면 어떻게 해야 할까? 그럴 때 우리나라는 UN의 '조정 위원회'에 이 문제를 해결해 달라고 요구할 수 있어. 그럼 '조정 위원회'에서는 재판을 해서 판정을 내리지.

"중국의 군함은 대한민국의 영해 안으로 허락 없이 들어가면 절대 안 됩니다."

이런 결정이 내려지면 중국과 우리나라는 무조건 UN에서 내린 결정을 따라야 한단다.

대한민국과 <UN 해양법 조약>

우리나라는 1997년에 <UN 해양법 조약>에 따라 우리의 영해를 12해리로 정했어. 이웃 나라인 일본 역시 자기들의 영해를 12해리로 정했지.

그러자 좀 골치 아픈 문제가 생겼어. 김 씨 집과 이 씨 집이 좁은 골목을 사이에 두고 서로 마주 보고 있다고 생각해 보자. 그런데 김 씨가 어느 날, 이렇게 말한 거야.

"앞으로 대문 밖 12미터까지는 우리 소유다. 내 허락 없이는 이 안으로 지나다니지 마라."

이 씨도 가만히 있지 않았지.

"좋다! 그럼 나도 우리 대문 밖 12미터를 내 소유로 하겠다."

그런데 문제는 마주 보고 있는 골목의 넓이가 12미터가 채 안 된다는 거야.

우리나라와 일본 사이에 있는 대한 해협이 바로 이런 경우란다. 대한 해협은 아주 좁은 바다야. 그런데 우리나라와 일본 모두 영해를 12해리로 정하다 보니까 겹치는 부분이 너무 넓었어.

결국 우리나라와 일본은 대한 해협에 대해서는 영해의 폭을 3해리 줄이기로 약속했어. 그리고 대한 해협을 모든 나라 배들이 자유롭게 지나다닐 수 있는 '국제 바다'로 정해 놓았단다.

"대한민국과 일본은 대한 해협을 국제 바다로 정해 놓았습니다. 따라서 모든 국가들이 자유롭게 대한 해협을 통과할 수 있습니다."

세계에는 이러한 국제 바다가 여러 군데 있어. 영국과 프랑스 사이에 있는 '도버 해협', 말레이시아 반도와 수마트라 섬 사이에 있는 '믈라카 해협' 등이 바로 그런 바다지.

또한 우리나라는 1996년부터 〈200해리 배타적 경제 수역 제도〉를 받아들였어.

"대한민국 땅으로부터 200해리 안에 있는 바다에서 다른 나라의 배들은 대한민국 정부의 허락을 받은 후에야 고기를 잡아야 합니다."

그런데 일본과 중국 역시 배타적 경제 수역을 정하는 바람에 한국, 중국, 일본의 배타적 경제 수역이 겹치는 거야. 이 문제 때문에 세 나라는 한동안 골머리를 앓았단다.

"우리 대한민국은 200해리를 배타적 경제 수역으로 정해 놓았다. 그러니까 중국 어선이 이곳에 들어와서 어업 활동을 하면 안 된다."

"그게 무슨 소리냐! 우리 중국도 200해리 배타적 경제 수역을 정해 놓았다. 이 바다는 중국의 배타적 경제 수역에 해당한다."

세 나라는 자기들의 이익을 위해 상대 나라의 어선을 강제로 사로잡기도 했어. 이런 일이 반복되자 한국, 중국, 일본 정부는 새로운 어업 협정을 맺어야 한다는 데 의견을 모았단다.
　한국과 일본의 어업 협정은 1998년에 체결되었고, 한국과 중국의 어업 협정은 2000년도에 체결되었어.
　"우리 서로 배타적 경제 수역은 인정하기로 합시다. 하지만 '중간 수역'을 정해서 이곳에서는 상대 국가의 어민들도 조업을 할 수 있도록 허용합시다. 그럼 다투지 않고 서로 사이좋게 어업 활동을 할 수 있을 겁니다."
　이렇게 한국, 중국, 일본 세 나라가 어업 협정을 맺은 다음부터는 세 나라의 어민들이 이전보다 훨씬 안정적으로 어업 활동을 할 수 있게 되었단다.

이처럼 세계 여러 나라는 〈UN 해양법 조약〉에 따라 바다에 대한 소유권을 나눠 가지고 있어. 하지만 각 나라의 사정에 따라 〈UN 해양법 조약〉이 딱 들어맞지 않는 경우가 있어. 그럴 때는 한국, 중국, 일본처럼 이웃해 있는 나라와 새로운 조약을 맺으며 바다에 대한 소유권 문제를 해결하고 있단다.

하늘과 우주에 관한 조약

하늘에 관한 조약이 생기기까지
항공기의 영공 침해와 국제 조약
우주에 관한 국가들의 약속
〈달 조약〉
우주 조약의 남은 과제

하늘에 관한 조약이 생기기까지

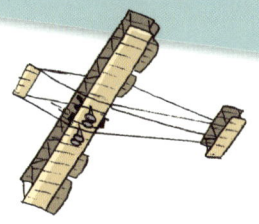

1903년 12월 17일, 미국 노스캐롤라이나 주 해안에서 세상을 깜짝 놀라게 할 만한 일이 벌어졌어. 자전거 가게를 운영하던 라이트 형제가 비행기를 만들었는데, 12초 동안 36미터를 날았거든.

"야호! 드디어 우리 플라이어 호가 하늘을 날았다!"

1906년, 라이트 형제의 플라이어 호는 미국 정부로부터 특허를 받았고, 미국은 서둘러 제2의 플라이어 호를 만들기 시작했어. 그 소식을 들은 러시아와 이탈리아도 가만히 앉아 있을 순 없었지. 당시에는 비행기를 먼저 만드는 게 모든 나라의 꿈이었거든.

"미국에서 먼저 비행기를 만들다니! 우리도 빨리 하늘을 나는 비행기를 만들어야 해. 일단 라이트 형제가 만든 비행기를 사서 연구하자."

발등에 불이 떨어진 프랑스는 비행기 조종사 훈련 학교를 만들고, 조종사들을 키우기 시작했지.

결국 1909년에는 프랑스의 루이 블레리오(Louis Blēriot, 1872~1936)가 비행기를 타고 도버 해협을 34분 만에 횡단하는 기록을 세웠어. 도버 해협의 거리는 34킬로미터야. 이때부터 세계 여러 나라에서는 좀 더 성능이 좋은 비행기를 개발하기 위해 눈에 불을 켜고 달려들었단다.

1914년 제1차 세계 대전이 일어나자 각 나라에서 개발한 비행기들이 하늘을 가득 메웠어. 그 비행기들은 전쟁에 참전하지도 않는 나라의 하늘 위를 마음대로 날아다녔어. 그러자 불평을 하는 나라들이 하나둘 생겨났지.

"아니, 우리는 전쟁을 하지도 않는데, 왜 우리 하늘 위로 다른 나라의 전투기들이 지나다니는 겁니까?"

틀린 말은 아니지? 그래서 1919년 제1차 세계 대전이 끝나자 각 국가들은 파리에 모여 〈파리 조약〉을 체결했어.

"이제부터 허락 없이 다른 나라의 영공을 비행해서는 안 됩니다."

영공은 각 국가의 영토 위에 있는 하늘을 가리키는 말이야. 〈파리 조약〉으로 인해 영공에 대한 문제는 깔끔하게 해결되는 것처럼 보였어.

그런데 그게 아니었지. 그 후에도 비행기를 만드는 기술은 점점 발전했고, 비행기의 숫자는 어마어마하게 늘어났어. 그러자 비행기를 이용해서 우편물을 보내는 일도 많아졌고, 비행기를 타고 다른 나라로 여행을 하는 사람들도 늘어났어.

〈파리 조약〉에 따르면 허락 없이 다른 나라의 영공을 침입해서는 안 된다고 했지만 매번 허락을 받는 건 정말이지 귀찮은 일이었겠지? 그래서 비행기를 모는 조종사들은 은근슬쩍 다른 나라의 영공을 지나다니곤 했단다.

　하지만 언제까지나 그렇게 할 순 없었어. 1944년 결국 영국과 미국이 먼저 〈국제 민간 항공 조약(Convention on International Civil Aviation)〉을 체결하자고 제안했어.

　"파리 조약만으로는 이제 수많은 비행기를 규제하는 건 불가능합니다. 좀 더 확실하고 구체적인 조약을 만들어야 합니다."

　이 말에 찬성하는 세계 여러 나라의 정부 대표들은 미국 시카고에서 〈시카고 조약〉을 체결했어.

"모든 국가는 자기 나라의 영공에 대해 완전한 주권을 가집니다. 이제부터 영공은 그 나라의 영토와 똑같습니다. 따라서 허락 없이 다른 나라의 영공을 침입하는 것은 영토를 침입하는 것으로 받아들여져 공격을 당할 수도 있습니다. 다만 민간 항공기에 대해서는 따로 조약을 만들어 나라와 나라 사이를 오갈 수 있게 합시다."

〈시카고 조약〉에 따라 국적이 다른 항공기는 절대 다른 나라의 영공 위를 마음대로 날아다닐 수 없게 되었어. 한편 민간 항공기는 미리 각 국가들과 약속을 맺었지.

"우리 민간 항공기는 앞으로 이러이러한 지역으로 비행을 할 것이니, 허락해 주십시오."

미리 허락을 받은 민간 항공기들은 자기 나라에서 여객, 화물, 우편물 등을 싣고 자유롭게 다른 나라에 내릴 수 있게 되었어.

항공기의 영공 침해와 국제 조약

하늘에도 길이 있다는 걸 알고 있니? 땅에 차가 다니는 길이 있듯이 하늘에도 비행기들이 다니는 길이 있어. 이를 항로라고 한단다. 모든 비행기는 이 항로로 다녀야 해. 특히 다른 나라의 항공기에 대해서는 좀 더 까다로운 조건이 있어.

"A라는 나라의 항공기가 B라는 나라의 영공을 비행할 때는 A라는 나라가 금지하고 있는 곳 위로 비행해서는 안 됩니다. 반드시 허가된 지역의 항로에서만 비행을 해야 합니다."

만약 이 규칙을 어기고, 자기 마음대로 비행을 하게 되면 어떻게 될까? 그렇게 되면 아주 큰일이 일어난단다. 허락 없이 영공을 침범한 비행기는 그 국가의 공격을 받게 돼. 영토 국가가 미사일로 영공을 침입한 비행기를 격추시켜도 할 말이 없어. 왜냐하면 항로가 아닌 곳으로 비행을 하는 건 중대한 국제 조약 위반 행위거든.

한반도에서도 여러 차례 이런 일이 일어났단다.

1969년 4월에는 미 해군 소속 EC-121 정찰 비행기가 북한의 청진항 부근에서 정찰 비행을 하고 있었어. 그런데 갑자기 어디선가 북한 전투기가 나타난 거야. 영문을 모르는 EC-121 정찰 비행기는 재빨리 방향을 돌렸지.

"왜 전투기가 나타난 거지? 혹시 우리가 항공로를 벗어나서 북한 영공으로 들어온 거 아니야?"

조종사가 당황해서 묻자 부조종사가 다급한 목소리로 외쳤어.

"아닙니다. 우리가 비행하고 있는 지역은 분명 공해상입니다."

공해는 주인이 없는 바다라 그 위에서는 어떤 나라의 비행기도 자유롭게 비행할 수 있어.

그런데 북한의 전투기는 미사일을 쏴서 EC-121를 격추시켜 버렸어. 비행기에 타고 있던 31명의 탑승객들은 그 자리에서 목숨을 잃었지.

이 소식이 전해지자 온 세상이 발칵 뒤집어졌어. 미국은 당장 선언문을 발표했단다.

"EC-121 비행기는 분명 공해상을 비행하고 있었다. 이는 명백한 도발 행위다. 우리는 가만히 앉아서 당할 수만은 없다."

그런데 북한도 호락호락하지 않았어.

"EC-121 정찰 비행기가 우리 영공 안으로 들어 왔기 때문에 공격한 거다. 우리는 잘못이 없다. 미국이 먼저 시카고 조약을 어긴 것이다."

미국은 항공모함을 동해로 출동시켰고, 북한의 전투기 기지를 공습할 준비를 했어. 한편으로 위성을 이용해서 EC-121이 북한의 영공으로 침입했는지를 조사했지. 만약 북한의 말이 사실이라면 미국은 조용히 물러설 수밖에 없어. 불법으로 다른 나라의 영공을 침범할 경우 공격받을 수 있다는 〈시카고 조약〉 때문이었지. 하지만 EC-121이 공해상을 비행하는 도중 북한이 공격했다면 미국은 북한에게 보복 공격을 할 생각이었어.

과연 결과는 어떻게 되었을까? 조사 결과 EC-121은 공해상을 비행하고 있었던 걸로 확인되었어. 공해상에서 연안국을 정찰하는 것은 국제 조약 위반이 아니란다.

미국은 당장 북한을 공격할 준비를 했어. 한반도에 다시 전쟁이 일어날 수도 있는 매우 위급한 순간이었지.

그러자 우리나라를 비롯한 여러 나라들이 미국을 말렸어.

"북한을 공격하면 한반도에 또다시 전쟁이 일어날 겁니다. 북한은 일부러 그런 게 아니라 잘못 알고 미사일을 쏜 것입니다."

사실 미국도 북한과 다시 전쟁을 치르긴 싫었어. 그래서 미국은 한 발짝 물러났단다.

"다시 한 번 이런 일이 일어나면 그때는 정말 가만히 있지 않겠다. 공해상을 비행하는 우리 비행기가 격추되는 즉시 보복 공격을 하겠다."

이 사건은 공해상을 비행하는 비행기를 북한이 자기들의 영공 안으로 들어왔다고 오해를 해서 벌어진 사건이었어.

1978년 4월에는 대한항공 707기가 서울을 향해 비행하던 중 알래스카 부근에서 항공로를 벗어나 소련 영공으로 들어가는 사건이 일어났어.

소련은 대한항공 707기가 자기 나라 영공으로 들어오자마자 경고를 했어.

"대한항공 707기는 지금 소련의 영공 안으로 무단 침입했다. 지금부터 우리가 지정하는 공항으로 착륙하기 바란다."

원래 이런 경우에는 소련의 지시에 따라 일단 착륙을 해야 해. 〈국제 항공 조약〉에 그렇게 하기로 정해져 있거든.

그런데 당시 대한항공 707기의 조종사는 공항 착륙을 거부하고 도망치려고 했대. 그러자 소련 전투기는 대한항공 707기를 향해 미사일을 쐈어. 그 바람에 2명이 죽고, 비행기는 시베리아에 비상 착륙을 할 수밖에 없었지.

소련은 대한항공 707기의 조종사와 승무원들을 철저히 조사했어. 조사 결과 실수로 소련의 영공을 침입했다는 사실이 밝혀지자 소련은 항공기와 승객 모두를 풀어 주었어.

소련이 총을 쏴서 사람 2명이 죽었지만 우리나라에서는 아무런 항의도 하지 못했어. 왜냐하면 우리나라 비행기가 〈국제 항공 조약〉을 어겼기 때문이지. 오히려 승객과 승무원들을 석방시켜 준 소련에게 감사의 표시를 해야 했단다.

이 사건 이후 UN의 '국제 민간 항공 기구'는 다음과 같은 내용을 〈시카고 조약〉에 넣었어.

"민간 항공기가 동의 없이 타국의 영공을 침범했을 경우, 민간 항공기는 착륙 지시를 받거나 진로를 바꿔 영공을 벗어나야 한다. 그러나 그런 명령을 받아들이지 않을 경우라도 절대 영공을 침범한 민간 항공기를 공격해서는 안 된다."

이 조약 덕분에 요즘 민간 항공기들은 좀 더 안전하게 비행을 할 수 있게 되었단다.

우주에 관한 국가들의 약속

1957년 10월 4일 구소련에서 세상을 깜짝 놀라게 한 일이 일어났어.

"세계 최초로 인공위성을 우주로 쏘아 올리겠습니다. 세계 최초의 인공위성의 이름은 스푸트니크 1호입니다. 자, 발사하겠습니다. 10, 9, 8, 7, 6, 5, 4, 3, 2, 1 발사!"

스푸트니크 1호는 무사히 발사되었어.

이 소식을 전해들은 전 세계인들은 너무 깜짝 놀라 말문을 잇지 못했어.

"아니, 우주로 위성을 쏘아 올리다니. 정말 대단한걸. 하지만 계속 인공위성을 쏘아 올리진 못할 거야."

그런데 웬걸! 같은 해 11월 소련은 스푸트니크 2호를 쏘아 올리는 데 성공했단다.

이 소식을 듣고 가장 놀란 나라는 바로 미국이야. 미국은 구소련과 경쟁을 하듯 우주 개발을 하고 있었거든. 그런데 소련이 먼저 인공위성을 쏘아 올렸으니 얼마나 배가 아팠겠어. 자극을 받은 미국은 우주 개발에 더욱 열을 올리기 시작했지.

그러자 UN에서는 우주에 대한 조약도 만들기로 했어.

"하루속히 우주에 대한 국제 조약을 만들어야 합니다. 그렇지 않으면 큰 혼란이 일어날 수 있습니다."

그때까지 UN은 우주에 대한 조약은 생각도 하지 않고 있었어. 비행기를 만든 지 불과 몇십 년 만에 인공위성을 우주로 쏘아 올릴 거라고는 생각하지 못하고 있었던 거지.

여기서 잠깐, 1967년 UN이 체결한 우주 조약의 중요한 조항들을 한번 살펴보고 넘어갈까?

▶우주 조약 제1조: 우주 활동은 특정 국가나 개인을 위한 게 아니라 전체 인류를 위한 것이어야 한다.

▶우주 조약 제2조: 우주는 어느 한 나라의 소유가 될 수 없다. 어느 나라나 자유롭게 우주에 접근할 수 있어야 한다.

▶우주 조약 제3조: 우주 탐사는 UN 헌장과 국제법의 원칙인 국제 평화와 안전의 유지, 국제 협력과 이해에 도움이 되어야 한다.

▶우주 조약 제4조: 우주 탐사는 군사 목적이 아니라, 평화적인 목적이어야 한다. 따라서 핵무기를 실은 우주선이 지구 밖을 비행해서는 안 된다. 대량 살상 무기는 우주에 배치할

수 없다. 또한 우주에서는 군사 훈련이나 무기 실험도 할 수 없다.

▶우주 조약 제5조: 우주 비행사들은 인류가 우주에 보낸 대표자들이므로 모든 국가는 이들이 어려움에 처했을 때 적극적으로 도와주어야 한다.

우주 조약의 가장 핵심적인 내용은 '한 국가가 우주를 소유할 수 없고, 우주 개발은 평화로운 목적이어야 한다.'는 점이야. 세계 여러 나라들은 현재 우주 조약에 따라 우주 개발을 차근차근 진행하고 있단다.

구소련과 우주 개발 경쟁을 하고 있던 미국은 1960년 후반부터 달 착륙 계획을 세웠어. 그리고 1969년 6월 마침내 아폴로 11호가 달 착륙에 성공했단다.

맨 먼저 달에 발자국은 남긴 암스트롱은 이렇게 말했어.

"이 발자국은 한 사람의 작은 발자국이지만, 인류에게는 커다란 도약입니다."

맨 처음 달에 착륙했던 미국의 우주인들은 달에서 암석을 채취해서 지구로 돌아왔어.

"여러분! 이 암석은 우리가 달에서 발견한 것입니다."

암스트롱은 달에서 발견한 암석을 전 세계에 소개했어. 보통 사람들은 눈을 휘둥그레 뜨고 달에서 발견한 암석을 바라봤지. 그런데 그 모습을 좀 삐딱한 눈으로 바라보는 사람들도 있었어.

'흥! 미국이 달에서 암석을 발견했다고 달의 암석이 미국 소유

가 되는 건 아니잖아. 달에는 주인이 없으니까.'

1970년 아르헨티나가 이 문제를 공식적으로 제기했어. 그러자 사람들의 반응은 가지가지였어.

"아르헨티나 정부의 말이 맞아. 달의 암석은 미국의 것이 아니야."

"달에 있는 암석이 무슨 쓸모가 있겠어. 괜한 걸 가지고 트집이로군."

각 국가의 대표들은 UN에 모여 이 문제를 가지고 무려 10년 동안 협상을 벌였어. 그리하여 마침내 1979년 〈달 조약(Lunar Treaty)〉을 체결했단다.

"달을 포함하여 우주의 모든 천체의 천연자원은 인류의 공동 유산입니다. 따라서 달에 만약 천연자원이 있다면, 그 이익은 달 개발에 참여한 모든 국가가 공평하게 나누어야 합니다. 또한 간접적으로 개발에 참여한 국가들에게도 이익을 나누어 주어야 합니다."

우주 개발 기술이 없는 개발 도상국들은 〈달 조약〉을 열렬히 환영했지.

"우리는 〈달 조약〉에 무조건 찬성합니다. 달과 우주의 천체는 한 나라가 소유가 아닙니다. 개발 이익은 모든 나라가 골고루 나누어 가져야 합니다."

하지만 미국, 러시아, 영국, 독일 등 우주 개발 기술을 가지고 있는 선진국들은 어땠을까? 그들은 고개를 절레절레 흔들었어.

"뭐? 우리가 우주 개발을 하기 위해 얼마나 엄청난 노력과 돈을 들였는데 다른 나라와 개발 이익을 골고루 나누어야 한다고? 어림없는 소리."

미국, 영국, 러시아, 독일 등의 선진 우주 개발 국가들은 〈달 조약〉에 가입하지 않았어. 조약에 서명을 하지 않았기 때문에 이 나라들은 〈달 조약〉을 따를 필요가 없지. 현재 〈달 조약〉에 가입해 있는 나라는 우주 개발 기술을 가지고 있지 못한 개발 도상국들뿐이란다.

우주 조약의 남은 과제

우주 조약은 아직 해결해야 할 문제점들이 많이 남아 있어. 이번에는 그 문제점들을 몇 가지 살펴보도록 하자.

인류는 지금까지 약 6천여 개의 인공위성을 우주로 쏘아 올렸어. 비밀리에 쏘아 올린 군사 위성까지 포함하면 이보다 훨씬 많을 거야. 정확한 수는 알 수 없지만 지금도 각 나라에서는 서로 경쟁을 할 듯 인공위성을 쏘아 올리고 있단다.

그런데 문제는 인공위성을 쏘아 올릴 수 있는 공간이 점점 줄어들고 있다는 거야.

"네? 우주는 엄청나게 크잖아요? 인공위성이 아무리 많아도 우주 공간을 꽉 채울 수는 없을 텐데요?"

이런 생각을 하며 머리를 갸웃하는 여러분들의 모습이 눈에 보이는 듯하구나.

물론 우주는 엄청나게 넓고 커. 하지만 인공위성은 지구 정지 궤도에서만 제 역할을 할 수 있단다.

지구 정지 궤도는 지구 적도 부근에서 고도 35,800킬로미터 상공을 지나는 원형의 궤도를 가리키는 말이야. 이 궤도에 인공위성을 진입시키면, 인공위성은 지구와 같은 방향으로 끊임없이 빙글빙글 돌기 때문에 지구에서 보면 항상 같은 곳에 정지해 있는 것처럼 보여. 그래서 지구 적도 부근에서 고도 35,800킬로미터 지점을 '지구 정지 궤도'라 부르는 거란다.

인공위성을 쏘아 올릴 때는 꼭 이 지구 정지 궤도 안에 진입을 시켜야 해. 그렇지 않으면 인공위성은 우주로 휙! 날아가 버리거든.

그런데 문제는 지구 정지 궤도를 선진국들이 독차지하려고 하고 있다는 거야. 예를 들어 지구 정지 궤도에 쏘아 올릴 수 있는 인공위성의 수가 2만 개라고 하자. 현재 지구에는 약 200개 나라가 있어. 그럼 각 나라 별로 사이좋게 인공위성 100개씩만 쏘아 올리면 공평하겠지. 하지만 현실은 그렇지 못해.

지금 이 순간에도 선진국들은 앞다퉈 지구 정지 궤도에 인공위성을 쏘아 올리고 있어. 반면에 우주 개발 기술이 없는 후진국들은 아직 한 개의 인공위성도 쏘아 올리지 못하고 있지. 이 때문에 우주 개발 기술이 있는 선진국과 그렇지 못한 나라 간에는 지구 정지 궤도를 놓고 날카로운 대립을 하고 있단다.

두 번째로 우주 쓰레기에 대한 조약이 마무리 되지 않았다는 거야. 우주 쓰레기는 우주 개발을 하면서 우주인들이 버린 쓰레기야. 이 우주 쓰레기들은 지금도 지구 주위를 빙글빙글 돌고 있단다. 그런데 이 우주 쓰레기는 아주 위험해. 엄청나게 빠른 속도로 우주를 떠다니고 있는 칫솔 하나가 우주선과 부딪히면 우주선에는 큰 구멍이 뻥 뚫릴 수도 있대.

　UN에서는 이 위험한 우주 쓰레기 처리에 대한 조약을 만들자고 끊임없이 주장하고 있어. 하지만 미국 등 선진 우주 개발국들은 반대하고 있지.

　"우리는 우주 쓰레기 처리에 대한 조약을 만들 필요가 없다고 생각합니다."

　선진 우주 개발국들은 왜 우주 쓰레기 처리에 대한 조약을 꺼리는 걸까? 그건 우주 쓰레기를 버린 게 바로 선진 우주 개발국들이기 때문이란다.

　우주 쓰레기 처리에 대한 조약이 만들어지면 분명 이런 조항이 들어갈 거야.

　"우주 쓰레기는 선진 우주 개발국들이 버린 것이기 때문에 선진 우주 개발국들이 우주 쓰레기를 모두 수거해야 합니다. 그리고 우주 쓰레기로 인해 벌어지는 피해에 대해 보상해야 합니다."

　이 때문에 선진 우주개발국들은 우주 쓰레기 처리에 대한 조약 협의를 꺼리는 거야.

　또한 우주를 상업적인 목적으로 이용하는 문제를 어떻게 할지에 대한 조약도 아직 정해지지 않았어. 예를 들면, 현재 미국, 영국, 러시아, 일본, 프랑스, 독일 등 선진 우주 개발국들은 우주 항공기 개발을 서두르고 있어.

　우주 항공기는 말 그대로 우주로 날아 올라갔다가 다시 지구의 대기권 안으로 들어와 목적지에 도착하는 비행기야. 이렇게 하면 지금보다 훨씬 빨리 목적지에 도착할 수 있대. 현재 이런 우주 항공기에 대한 국제 조약은 정해진 게 아무것도 없어.

또한 지금까지 우주 개발은 국가가 앞장서서 해 왔어. 그래서 국가들 간의 우주 조약만 체결한 상태지. 하지만 앞으로 민간 기업이 우주 항공기를 만들어 우주를 이용하거나 우주 여행을 하게 된다면 어떻게 해야 할까? 우주 조약을 다시 체결해야만 할 거야.

　이처럼 아직 우주에 대한 조약은 바다나 하늘에 대한 조약에 비해 해결해야 할 문제점이 많이 남아 있단다.

국제적 자본의 흐름에 관한 조약

IMF은 왜 만들어졌을까요?
IMF은 무슨 일을 하는 곳일까요?
브레튼 우즈 체제 VS 킹스턴 체제

IMF은 왜 만들어졌을까요?

아주 옛날에는 돈이 없었어. 그럼 옛날 사람들은 물건을 어떻게 샀을까? 옛날 사람들은 모두 물물 교환을 해서 필요한 물건을 얻었어.

어촌에 사는 사람들은 물고기를 들고 농촌 사람들을 만났어. 농촌 사람들은 곡식을 짊어지고 어촌 사람들을 만났지.

"곡식을 줄 테니까 물고기를 주시오."

"좋소, 쌀 한 가마니와 물고기 100마리를 바꿉시다."

하지만 이런 물물 교환은 엄청 불편했어. 생각해 봐. 물고기를 얻기 위해 무거운 쌀을 등에 짊어지고 먼 길을 가야 했을 거 아냐. 문제는 그것뿐만이 아니었을 거야.

"이 쌀은 질이 좋지 않군요. 이번엔 물물 교환을 하지 않겠소."

이렇게 되면 다시 무거운 쌀을 짊어지고 집으로 돌아와야 했겠지.

그래서 사람들은 돈이라는 걸 만들어 냈어. 물론 처음에 만들어진 돈은 요즘 같은 지폐나 동전이 아니었어. 옛날에 돈으로 쓰인 것은 소금이나 조개껍데기 같은 것들이었지. 그러다 서서히 가지고 다니기 편한 지폐나 동전으로 바뀌었단다.

돈은 아주 편리했어. 사람들은 굳이 무거운 물건을 들고 물물 교환을 하지 않아도 되었지. 하지만 나라와 나라 간에 무역이 활발해지기 시작하자 좀 골치 아픈 문제가 생겼어.

"자, 물건 값으로 우리나라 돈을 드리겠소."

"아니, 이게 뭐요? 우리나라의 돈과 당신 나라의 돈의 가치가 다르잖소. 그러니까 돈을 더 많이 내어 놓으시오."

이런 문제로 무역을 하는 사람들은 늘 티격태격 다투었어. 그러다 누군가 아주 좋은 생각을 해 냈단다.

"그래! 금을 기준 화폐로 사용하는 거야. 각 나라의 화폐 가치를 금값으로 정하는 거지."

"옳지, 그거 좋은 생각입니다."

이렇게 해서 각 나라의 돈 가치는 금을 기준으로 정해졌어. 즉 금 1온스를 사는 데 얼마의 돈을 지불하느냐에 따라 각 나라의 돈 가치가 정해진 거야. 덕분에 한동안 나라와 나라 간에 무역을 하는 데는 큰 문제가 없었지.

그런데 1924년 제1차 세계 대전이 끝난 후, 또 다른 문제가 생겨났어. 세계 여러 나라는 전쟁을 치르느라 나라 안에 돈이 없었어. 무기를 만들기 위해 돈을 마구 썼기 때문이었지. 특히 전쟁에서 진 독일은 가진 돈이 거의 없었어. 게다가 연합군 측은 독일에게 전쟁 보상금을 내놓으라고 요구했어.

"독일은 전쟁을 일으켜서 다른 나라에 많은 피해를 입혔으니

피해를 입힌 만큼 배상금을 내놓으시오."

그러나 독일은 돈이 없었어.

"이 일을 어떻게 하지? 큰일났네. 돈이 하늘에서 뚝 떨어질 리도 없고……."

궁지에 몰린 독일 정부는 돈을 마구 찍어 내기로 했어.

"나중 일이야 어떻게 되든 일단 돈을 많이 찍어 내자."

돈을 많이 찍어 냈으니까 사람들이 엄청 부자가 되었겠다고? 천만에! 돈을 너무 많이 찍어 내는 바람에 돈의 값어치가 엄청나게 떨어졌어.

"신문 사세요!"

"신문 한 장에 얼마요?"

"네, 5,000만 원입니다."

"뭐요? 작년에는 500원이었는데!"

사람들은 모두 기가 막혔어. 신문 한 장을 사 보려면 돈을 가득 담은 자루를 짊어지고 가야 했거든.

그래서 당시에는 웃지 못할 일도 많이 벌어졌대. 어떤 사람이 신문을 사 보려고 5,000만 원을 자루에 넣고 신문 가판대로 갔대. 그런데 그 사람이 신문을 고르느라 잠시 한 눈을 파는 사이에 소매치기가 5,000만 원은 바닥에 쏟아 버리고, 자루만 훔쳐서 달아난 거야.

"아이쿠, 내 자루!"

5,000만 원을 잃어버린 사람은 돈보다 자루를 잃어버린 걸 속상해 했대.

정말 말도 안 되는 일이지? 하지만 1920년대에는 세계 여러 나라에서 이런 일이 자주 일어났단다. 그러다 보니까 금을 기준 화폐로 쓰던 방법도 위기를 맞았어. 돈의 값어치가 너무 떨어졌기 때문이었지.

결국 1944년 44개국의 대표가 미국의 브레튼 우즈에 모여 국제회의를 열게 되었어.

"세계 금융 제도를 안정시키기 위해서는 어떻게 해야 하겠습니까?"

"무엇보다 환율을 안정시키기 위해서는 금 이외의 새로운 기준 화폐가 필요합니다."

환율은 서로 다른 돈의 교환 비율을 가리키는 말이야.

"미국의 달러를 기준 화폐로 정하면 어떻겠습니까? 미국은 세계 최대의 경제 대국이니까 미국의 달러를 기준 화폐로 사용하면 서로 다른 돈의 환율을 계산할 때 편리할 겁니다."

이렇게 해서 이때부터 미국의 달러는 기준 화폐가 되었어. 그리고 이때부터 모든 나라의 화폐 가치는 달러 가치에 비교해서

정해졌지. 미국의 달러가 세계인들이 사용하는 돈이 되었기 때문에 나라와 나라 간의 국제 무역도 달러로 이루어지게 되었단다.

또한 미국의 브레튼 우즈에 모였던 44개국 대표들은 다시 세계 경제가 혼란 속에 빠지는 걸 막기 위해 국제적인 금융 단체를 만들자는 의견을 냈어.

이렇게 해서 만들어진 단체가 바로 '국제 통화 기금(IMF)'과 '국제 부흥 개발 은행(IBRD)'이란다.

IMF은 무슨 일을 하는 곳일까요?

1997년 우리나라에는 갑자기 노숙자가 늘었어. 노숙자는 집 없이 떠돌며 거리에서 잠을 자는 사람을 말해.

그런데 왜 이런 사람들을 거지라고 하지 않고 노숙자라고 할까? 그건 그 당시의 노숙자들은 보통 거지와 달랐기 때문이야. 거지는 일할 생각이 없어서 거리에서 다른 사람에게 구걸을 하는 사람들이야. 하지만 그 당시의 노숙자들은 일을 하고 싶어도 일자리가 없어 일을 못 하는 실업자들이 대부분이었단다.

그럼 왜 이런 일이 일어났을까? 그 당시 텔레비전에서는 매일 IMF에 대한 방송을 하고 있었어.

"그동안 우리 정부는 경제를 발전시키기 위해 다른 나라의 은행이나 정부로부터 달러를 빌려 썼습니다. 그런데 경제가 안 좋아져서 그 돈을 갚지 못할 지경에 이르렀습니다. 이 돈을 갚지 못하게 되면 우리나라는 망하고 맙니다."

미국의 달러가 세계인들이 사용하는 돈이 된 후에는 나라와 나라 간의 거래를 할 때 달러를 주고받아야 한다고 했던 말 기억하지? 그런데 당시 우리나라 은행에는 달러가 거의 없었던 거야.

우리 정부는 하는 수 없이 IMF에 손을 벌렸어.

"우리에게 달러를 빌려 주십시오. 그럼 우리 국민 모두가 열심히 일해서 갚도록 하겠습니다."

이 소식을 들은 IMF 관계자들은 우리나라를 찾아왔어.

"일단 대한민국이 돈을 갚을 수 있는 나라인지 조사해 보겠습니다. 돈을 갚을 수 있는 나라라고 판단되면 돈을 빌려 주도록 하지요."

IMF 관계자들은 우리나라 경제를 철저히 조사했어.

"돈을 빌려 주겠습니다. 하지만 기업의 구조 조정이 필요합니다. 앞으로는 경쟁력이 있는 회사만 지원해 주도록 하세요."

국가의 지원을 받지 못한 회사들은 어떻게 됐을까? 당연히 문을 닫을 수밖에 없었지. 그 바람에 회사에 다니던 사람들이 하루아침에 직장을 잃고, 노숙자 신세가 되고 만 거란다.

그나마 다행인 건 IMF에서 돈을 빌려 줘서 우리 경제는 파산 위기를 겨우 면할 수 있게 되었어. 그 후 우리 국민 모두가 열심히 일을 해서 IMF에 빌린 돈을 다 갚았지. 이처럼 IMF는 달러가 부족해지는 바람에 국가 파산 사태를 맞이한 나라에 돈을 빌려 주는 국제 금융 기관이란다.

브레튼 우즈 체제 VS 킹스턴 체제

IMF와 국제 개발 은행(IBRD)은 1944년 7월 브레튼 우즈라는 곳에서 처음 생겨났어. 그래서 이 두 기관을 중심으로 하는 국제 금융 체제를 '브레튼 우즈 체제'라고 부른단다.

브레튼 우즈 체제의 목적은 두 가지였어.

첫째, 제2차 세계 대전으로 무너진 선진국 경제를 일으킨다.

둘째, 달러 부족으로 어려움에 처한 개발 도상국들을 도와준다.

이러한 브레튼 우즈 체제는 얼마 동안 그럭저럭 잘 돌아갔지만 곧 한계를 드러냈단다.

"미국 달러를 기준으로 다른 나라의 환율을 정하는 건 문제가 있습니다."

"왜 그런 생각을 합니까?"

"미국은 항상 똑같은 양의 달러를 찍어 내야 합니다. 그래야 국제 기준 화폐로서의 기능을 제대로 할 수 있으니까요. 만약 미국이 자기 나라 경제를 살리기 위해 달러를 마음대로 마구 찍어 내ND다면 달러의 값어치는 곧 떨어질 것입니다. 그럼 어떻게 되겠습니까? 달러를 기준으로 돈의 값어치를 정하고 있는 다른 나라는 어떻게 될까요? 자기도 모르는 사이에 저절로 돈의 값어치가 떨어지는 것이지요. 하지만 다른 국가들은 미국이 달러를 얼마를 찍어 내는지조차 알 수 없습니다. 미국이 비밀로 하고 있으니까요."

미국은 다른 나라의 불만을 잠재우기 위해 달러의 발행을 항상 일정하게 하겠다고 다짐했어.

"우리 미국은 절대 그런 일을 하지 않겠습니다. 걱정하지 마세요. 지금처럼 달러를 국제 기준 화폐로 삼으면 아무런 문제가 없을 겁니다."

그런데 웬걸! 1960년에 미국은 베트남과 전쟁을 하는 바람에 돈을 많이 쓰게 되었어. 부족한 예산을 메우기 위해 달러 발행을 크게 늘였지. 미국의 달러 가치가 떨어질 건 불 보듯 뻔한 일이었어. 불안감을 느낀 나라들은 미국에 요구했어.

"우리가 가지고 있는 달러를 돌려줄 테니 금으로 교환해 주시오."

세계 여러 나라는 경제가 혼란할 때는 달러보다는 금을 가지고 있는 게 훨씬 유리하다고 판단했던 거야. 미국은 하는 수 없이 달러와 금을 교환해 줄 수밖에 없었지. 이 때문에 얼마 못 가서 미국의 금 보유고는 눈에 띄게 줄어들기 시작했어.

그러자 1971년에 미국의 닉슨 대통령은 깜짝 놀랄 만한 선언을 했단다.

"앞으로 금과 달러를 교환하는 것을 중지하겠습니다."

이 선언을 들은 세계 여러 나라의 관리들은 벌에 쏘인 사람들처럼 팔짝 뛰었어.

"뭐라고? 달러를 금으로 교환해 줄 수 없다고? 그럼 달러는 이제 더 이상 안전한 돈이 아니야. 언제든지 휴지 조각이 될 수 있어. 이제 어떻게 해야 하지?"

이 문제를 해결하기 위해 1971년 12월 선진 10개국 대표들이 미국의 스미소니언 박물관에 모여 달러화의 가치를 조정하는 국제회의를 열었어.

"금에 대한 달러의 가치는 1온스당 이전의 35달러에서 38달러로 내립시다."

즉 예전에는 금 1온스를 살 때 35달러만 주면 됐지만, 이제부

터는 금 1온스를 살 때 38달러를 내야 한다는 것이지. 이것이 바로 〈스미소니언 조약〉이야.

하지만 〈스미소니언 조약〉은 국제 통화를 안정시키는 데 실패했어.

"앞으로 언제 또 다시 미국의 달러 가치가 떨어질지 어떻게 알 수 있겠습니까? 지금처럼 미국 달러를 기준으로 자국의 화폐 가치를 고정시켜 놓는 건 문제가 있습니다."

"맞습니다. 브레튼 우즈 체제는 버려야 합니다. 이제는 다른 방법을 찾아야 합니다."

결국 1976년 자메이카의 킹스턴에서 선진 10개국의 대표들이 모여 새로운 금융 체계를 만들었어.

"모든 IMF 회원국들은 자국 경제 상황에 맞게 자유롭게 환율을 결정할 수 있어야 합니다."

"그거 좋은 생각입니다. 이제부터는 각 나라의 경제 상황에 따라 환율이 오르락내리락 하도록 합시다. 이 제도를 '변동 환율제도'라고 부릅시다."

이 회의를 킹스턴에서 했다고 해서 '킹스턴 체제'라고 불러.

지금은 전 세계 거의 모든 나라가 바로 이 '킹스턴 체제'에 따라 자국의 환율을 결정하고 있단다.

하지만 이 국제 금융 제도가 완벽한 건 아니야. 아직도 여전히 달러는 중요한 화폐고, 달러를 확보하고 있지 못하면 큰코를 다칠 수 있단다.

예를 들어 중동의 산유국들이 석유 가격을 갑자기 올렸다고 생각해 보자. 그럼 석유가 나지 않는 비산유국들은 석유의 수입을 위해 가지고 있던 달러를 더 많이 지불해야 해. 이로 인해 국가가 가지고 있는 달러가 줄어들면, 국가는 얼른 다른 나라로부터 달러를 빌려 와야 해. 빚을 지게 되는 거지. 그런데 만약 빌려 온 달러를 갚지 못하면 어떻게 될까? 결국 그런 나라는 파산을 할 수밖에 없는 거야.

이 때문에 '변동 환율 제도'에서는 국가가 알아서 항상 적당한 양의 달러를 확보해 두어야 하는데, 그게 말처럼 쉽지 않아. 그래서 요즘 세계 여러 나라는 또 다시 새로운 금융 제도가 필요하다고 입을 모으고 있단다.

"세계적 금융 위기를 막기 위해서 요즘 현실에 맞게 새로운 국제 금융 제도를 만들어야 합니다!"

현실에 맞는 새로운 금융 제도를 찾기 위해 세계 여러 나라의 대표들은 요즘 수시로 모여 회의를 거듭하고 있단다.

국제 무역에 관한 조약

무역은 공정하게 해야지!

공정한 무역을 위해 만들어진 GATT

세계 무역 기구 - WTO

국제 무역 기구와 분쟁해결

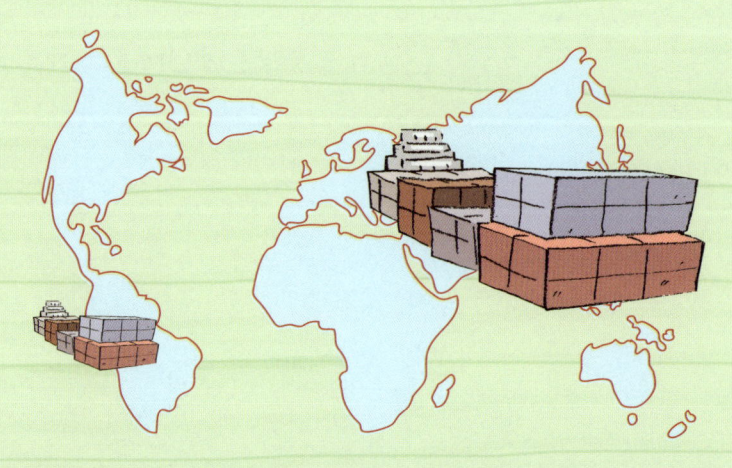

무역은 공정하게 해야지!

아주 옛날부터 사람들은 물품을 서로 바꾸어 쓰는 게 유리하다는 사실을 알고 있었어. 그래서 오래전부터 무역이 발달했어. 가야는 일본에 철을 수출했고, 고려 시대에는 인삼 등을 중국에 팔고, 중국의 비단 등을 수입했어.

남는 물품을 팔고, 필요한 물품을 샀으니까 서로 이익이었지. 하지만 나라와 나라 사이의 무역은 그렇게 간단하지 않았어. 무역으로 인해 어떤 사람들은 이익을 보지만 어떤 사람들은 큰 손해를 보기도 했거든.

예를 들어 볼까? 우리나라가 중국에 텔레비전을 팔고, 옥수수를 들여온다고 하자. 그럼 텔레비전 만드는 회사에 다니는 사

람들은 돈을 벌겠지만 옥수수 농가는 큰 손해를 보겠지? 중국 옥수수가 훨씬 값이 싸서 우리나라 농민들이 재배한 옥수수는 팔리지 않기 때문이야. 나라 전체로 보면 손해는 아니지만, 나라 안에 사는 일부 사람들에게는 큰 손해가 될 수 있는 거지.

이런 문제 때문에 국가가 무역에 간섭을 하기 시작했어. 물론 무역에 관여하는 국가의 정책은 나라마다 조금씩 달라.

"자유롭게 무역하는 게 가장 좋은 방법입니다. 우리 정부는 개인들이 자유롭게 다른 나라 상인과 무역을 하는 걸 허락하겠습니다."

"우리 생각은 다릅니다. 무역을 적절히 규제해야 모두가 잘 사는 나라가 될 수 있습니다."

여러분의 생각은 어때? 옛날에는 자유롭게 무역을 하는 게 가장 좋은 방법이라고 생각했어. 하지만 20세기에 들어서면서부터 무역이 국가 경제에 차지하는 비중이 점점 더 커지자 대부분의 국가들은 보호 무역 정책을 펼쳤단다.

보호 무역은 경쟁력이 약한 물품에 대해서 나라가 그 물품을 보호해 주는 제도야. 예를 들어 아직 우리나라 자동차 사업은 경쟁력이 약한 편이야. 외국 차와 가격이 비슷해지면 사람들은 아마 너도나도 외국 차만 사게 되겠지.

그래서 우리나라에서는 외국 차를 수입할 때 '관세'를 매겨. 관세는 외국에서 우리나라로 들어오는 물건에 매기는 세금이야. 그럼 관세가 붙은 외국 차의 가격은 올라가겠지? 그렇게 되면 많은 사람들은 가격이 싼 국산 차를 선택할 거야. 이게 바로 '보호 무역'이란다.

그런데 이 관세로 인해 크고 작은 다툼이 끊이지 않고 있단다.

"아니, 자동차 관세를 30퍼센트나 받으면 어떻게 합니까? 자동차 값이 1000만 원인데 관세가 300만 원이라니 이게 말이 됩니까? 이렇게 가격이 비싼 차를 누가 사겠어요?"

"그거야 우리 마음이오. 관세를 30퍼센트 받는 건 우리나라 자동차 회사들을 보호하기 위해 어쩔 수 없는 겁니다."

"그렇다면 좋소. 그럼 우리는 당신네 나라에서 들여오는 텔레비전에 30퍼센트의 관세를 붙이겠소."

"뭐요? 자동차와 텔레비전은 다르지요. 텔레비전에 관세 30퍼센트를 붙이면 텔레비전이 얼마나 비싸지는데!"

"흥! 어차피 서로 마찬가지 아니오?"

보호 무역을 하는 나라들은 이처럼 자기 나라의 물품은 싸게 팔려고 하고, 다른 나라의 물품에는 지나치게 비싼 관세를 붙여 다른 나라의 물품은 잘 안 팔리도록 유도했어. 그러자 불만의 목소리가 점점 더 높아졌지.

"이게 무슨 무역이냐. 무역은 공정하게 해야지!"

공정한 무역을 위해 만들어진 GATT

"국제 사회는 당장 무역 질서를 세워야 합니다."

"자기 나라만 살겠다고 얌체처럼 다른 나라 물품에 비싼 관세를 매기는 짓은 더 이상 하지 말아야 합니다."

이런 목소리가 점점 더 높아지자 이 문제를 해결하기 위해 국제 사회는 '국제 무역 기구'를 만들기로 했어.

"앞으로는 국제 무역 기구를 만들어서 국가 간의 무역을 감시하도록 합시다. 그리고 이 기회에 말 많고, 탈 많은 관세를 아예 없애고 자유롭게 무역을 할 수 있도록 합시다."

"찬성이오!"

"나도 찬성이오!"

'국제 무역 기구'를 만들자는 의견에 처음에는 너도나도 많은 나라가 찬성을 했어. 이 제안은 1946년 UN의 '경제 사회 이사회'에 의해 채택되었고, 여러 국가들이 서명을 했지.

하지만 서명을 한 후 조약이 정식으로 성립되려면 국회 비준을 거쳐야 한다고 했던 말 기억하고 있니? 각 나라 정부 대표들은 '국제 무역 기구'를 만들어 자유롭게 무역을 하기로 했다는 내용을 국회에 보고했어. 그러자 각 나라의 국회의원들은 머리를 절레절레 흔들었단다.

"자유롭게 무역을 해서는 안 됩니다. 그렇게 하면 우리나라에는 실업자가 넘쳐날 거예요. 예를 들어 농산물을 자유롭게 무역한다고 생각해 봅시다. 값이 엄청나게 싼 중국 쌀과 값이 비싼 우리나라 쌀 중에 어느 쌀이 더 잘 팔리겠습니까? 우리 농민들이 피땀을 흘리며 농사지은 쌀이 안 팔릴 건 불을 보듯 뻔해요. 중국 농민들만 잘 살게 되겠지요. 절대 자유롭게 무역을 하게 내버려 두어서는 안 됩니다."

이런 문제 때문에 결국 '국제 무역 기구'를 만들자는 조약은 흐지부지 되고 말았단다.

하지만 그대로 손 놓고 가만히 앉아 있을 수만은 없었어.

"국제 무역 기구를 만들 수 없다면, 관세 및 무역에 관한 일반 협정이라도 맺도록 합시다."

세계 여러 나라의 대표들은 〈관세 및 무역에 관한 일반 협정(GATT ; General Agreement on Tariffs and Trade)〉이라는 국제 조약을 맺고 무역 자유화를 위해 적극적인 활동을 펼쳤어.

"지금 당장 관세를 없애는 게 불가능하다면, 관세를 서로 조금씩 낮춥시다. A라는 나라가 B라는 나라에서 수입해 오는 자동차의 관세를 30퍼센트에서 20퍼센트로 낮추면, B라는 나라도 A라는 나라에서 수입하는 텔레비전 관세를 30퍼센트에서 20퍼센트로 낮추는 겁니다. 이렇게 하면 서로 손해 보지 않을 겁니다."

이렇게 해서 각 국가들은 관세를 서로 조금씩 낮추기로 약속했단다.

세계 무역 기구 - WTO

1985년부터 미국의 무역 적자가 크게 늘어났어. 수출보다 수입이 많아 매년 손해를 보기 시작한 거지. 미국은 이러한 문제를 해결하기 위해 국제 사회에 새로운 제안을 했어.

"이제는 정말 무역 기구를 만들어야 합니다. 관세 및 무역에 관한 일반 협정에 따라 관세를 낮추는 것만으로는 공정한 무역을 할 수 없어요. 우리 미국을 좀 보세요. 우리는 매년 무역 적자를 보고 있어요."

마침내 1986년 9월 여러 나라 대표들이 우루과이에 모여 '우루과이 라운드 협상'을 시작했어.

가끔 뉴스를 보면 그린 라운드, 뉴 라운드 등등, ○○ 라운드라는 이야기가 많이 나와. 라운드는 우리말로 동그란 원을 말해. 각 나라의 대표들이 모여서 회의를 할 때 동그란 탁자에 모여 이야기를 한다고 해서 라운드라는 말을 붙인 거지. 라운드 앞에 붙는 말들은 어떤 주제로 회의를 하느냐에 따라 달라진단다.

1986년부터 1993년 사이의 우루과이 라운드에서는 농업 및 서비스에 대해 각 나라의 대표들이 모여서 회의를 했어.

"관세를 지금보다 평균 3분의 1로 더 낮추고, 서비스 사업에 대한 협정을 체결하도록 합시다."

"좋습니다. 그리고 이번 기회에 미루었던 '세계 무역 기구'를 만듭시다. '세계 무역 기구'로 하여금 국제 사회의 무역을 감시하도록 하면, 지금보다 훨씬 공정하게 무역을 할 수 있을 겁니다."

이렇게 해서 1993년 12월 '우루과이 라운드 협상'이 체결되었고, 이후 국제기구인 '세계 무역 기구(WTO ; World Trade Organization)'가 만들어졌단다. '세계 무역 기구'는 세계 무역의 90퍼센트 이상을 감시하고 규제하는 국제기구야. '세계 무역 기구'는 공정한 무역을 하기 위해 다음과 같은 원칙이 지켜져야 한다고 말하고 있어.

첫째, 차별하지 말아야 한다.

WTO에 가입한 국가들은 모두 동등하게 대우를 받아야 해. 예를 들어 미국이 우리나라 자동차를 관세 없이 수입을 한다면, 미국은 다른 나라의 자동차도 관세 없이 수입을 해야 하는 거지.

마찬가지로 우리나라가 미국의 오렌지를 관세 없이 수입한다면, 우리나라는 다른 나라의 오렌지에 대해서도 관세를 받으면 안 돼. 이를 어려운 말로 '최혜국 대우'라고 하는데, 조선 시대에는 최혜국 대우 때문에 큰 손해를 보기도 했단다.

1882년 미국과 맺은 〈조-미 수호 통상 조약〉에 '미국은 최혜국 대우를 받는다.'라는 조약이 있어. 〈조-미 수호 통상 조약〉을 맺은 뒤 얼마 후, 조선 정부는 러시아에게 조선의 광산 채굴권을 허락했어. 그러자 미국은 당장 따지고 나섰어.

"조-미 수호 통상 조약에 보면 '미국에게 최혜국 대우를 한다'고 써 있습니다. 그러니까 우리에게도 러시아와 똑같이 광산 채굴권을 줘야 합니다."

조선 정부는 울며 겨자 먹기 식으로 미국에게도 광산 채굴권을 줄 수밖에 없었지. 이미 조약에 서명을 했는데 어쩌겠어?

물론 그때는 우리가 약소국이었기 때문에 최혜국 대우로 인해 골탕을 많이 먹었어. 하지만 지금 우리나라 경제는 선진국들과 어깨를 나란히 하고 있기 때문에 최혜국 대우를 한다고 해서 나쁠 건 없어.

예를 들어 미국이 일본 자동차의 관세를 10퍼센트로 깎아 주

기로 약속했다면, 우리나라를 비롯한 모든 '국제 무역 기구' 회원국에게도 자동차의 관세를 10퍼센트 깎아 주어야 하기 때문이지. 쉽게 얘기해서 WTO 회원국들 간에는 모두 똑같이 대우를 받으니까 손해 볼 거 없다는 얘기야.

또한 WTO에 가입한 회원국들은 외국 상품과 국산품을 차별하지 말고 똑같이 대우해 줘야 해.

여러분들의 부모님이 초등학교를 다니던 시절에는 곳곳에 '국산품을 사용합시다.'라는 포스터가 붙어 있었어. 심지어 텔레비전에서도 국산품을 쓰라고 광고를 하곤 했단다. 물론 그 시절에는 국산품을 많이 써야 우리나라 경제가 살아날 수 있기 때문에 그렇게 할 수밖에 없었을 거야. 너도나도 외국 연필을 사서 쓰면 우리나라의 연필 만드는 회사는 문을 닫아야 할 테니까 말이지.

하지만 우리나라는 1995년부터 WTO에 가입했기 때문에 정부는 국민들에게 국산품을 사용하자고 홍보하면 안 돼. WTO에 가입한 회원국들은 일단 수입을 한 외국 제품에 대해서는 어떠한 차별도 해서는 안 되거든. 그래서 요즘은 '국산품을 사용합시다.'라는 말을 잘 안 하는 거란다.

둘째, 국제 무역 기구에 가입한 회원국들은 관세를 한번 내린 후 다시 높이면 안 된다.

"미국에서 수입하는 오렌지에 대한 관세를 20퍼센트에서 10퍼센트로 내리겠습니다."

일단 이렇게 오렌지에 대한 관세를 내렸다고 생각해 보자. 그런데 미국의 태도가 영 마음에 안 드는 거야. 관세를 내려 줬는

데도 고맙다는 인사도 없는 거야. 그렇다고 해서 다시 오렌지에 대한 관세를 20퍼센트로 올릴 수는 없어. 왜냐하면 '국제 무역 기구' 회원국들은 한번 내린 관세를 다시 올리지 않기로 약속했거든.

셋째, 국제 무역 기구에 가입한 회원국들은 정부에서 기업에 수출 보조금을 주면 안 된다.

예를 들어 우리나라에 100만 원짜리 텔레비전을 미국으로 수출하는 회사가 있다고 하자. 그런데 가격이 너무 비싸서 미국에서 경쟁력이 떨어지는 거야.

이때 우리 정부가 텔레비전을 만드는 회사에 보조금 30만 원을 주면, 텔레비전 가격은 70만 원으로 떨어질 거야. 그럼 미국 사람들은 옳다구나, 하고 우리나라에서 만든 텔레비전을 사 가겠지.

"100만 원에 사던 텔레비전을 70만 원에 살 수 있다니, 이게 웬 횡제냐!"

자, 그럼 미국의 텔레비전 만드는 회사는 어떻게 될까? 그렇지! 당연히 파리를 날릴 거야. 이 때문에 '국제 무역 기구'에서는 정부에서 기업에 수출 보조금을 주는 걸 금지하고 있단다. 한 마디로 공정하게 무역을 하자는 거지.

또 '국제 무역 기구'의 회원국들은 덤핑 판매도 못 하게 되어 있어. 덤핑은 국내 가격보다 싼 가격으로 수출하는 걸 말해. 시장에 가 보면 가끔 이런 풍경을 볼 수 있을 거야.

"자, 싸요. 싸! 눈물의 땡처리. 만 원에 팔던 옷을 오늘만 단돈

천 원에 팝니다. 회사가 망하는 바람에 만 원짜리 옷을 천 원에 팔고 있어요."

이런 곳에는 싼 옷을 사려는 소비자들이 와글와글하지. 만 원짜리 옷을 천 원에 살 수 있는 기회가 흔한 건 아니잖아.

우리나라 안에서는 이렇게 덤핑으로 물건을 팔아도 상관없어. 하지만 다른 나라에 물건을 수출할 때는 이런 식으로 덤핑 판매를 하면 안 돼. 예를 들어 일본에 만 원에 수출하던 옷을 천 원에 수출하면 그 옷은 아주 잘 팔릴 거야. 하지만 그로 인해 일본에서 옷을 만드는 회사는 어려움을 겪게 되지.

"한국에서 옷을 너무 싸게 수출하는 바람에 우리 회사에서 만든 옷이 안 팔리네."

이런 피해를 막기 위해 '국제 무역 기구' 회원국들은 덤핑으로 수출을 하지 못하도록 하고 있는 거란다.

넷째, 국제 무역 기구 회원국들은 지적재산권을 인정하고 보호해야 한다.

지적재산권이란 글이나 그림과 같은 예술 작품, 디자인이나 기술, 컴퓨터 프로그램처럼 사람이 정신적 활동으로 만들어 낸 것들에 대한 소유권을 말해.

옛날 도둑들은 남의 집에 들어가 물건을 훔쳐서 나왔어. 그런데 요즘 도둑들은 남의 집에 들어가지도 않고 재산을 훔친단다. 그게 어떤 재산이냐고? 눈에 보이지도 않고 만져지지도 않는 재산이야. 바로 머릿속에 들어 있는 생각에서 나온 재산, '지적 재산' 이지.

지식이든 생각이든 머릿속에 있을 때는 제아무리 뛰어난 도둑이라도 훔칠 수 없어. 문제는 그것이 머릿속에서 밖으로 나왔을 때야. 예를 들어 음악, 글, 컴퓨터 프로그램, 영화 같은 것들이 만들어지면, 그걸 몰래 가져다 쓰는 도둑들이 생겨나고 있는 기란다.

"남의 것이라도 슬쩍 가져다 베껴 팔거나 내가 만든 것처럼 하면 돼. 그럼 큰돈을 벌 수 있지. 흐흐흐."

이게 바로 지적 재산을 훔치는 일이야.

우리가 살고 있는 21세기는 지식과 정보가 아주 중요한 재산이야. 지식과 정보를 지키는 일이 아주 중요해졌지. 그래서 '세계 무역 기구' 회원국들은 법으로 지적 재산에 대한 권리를 정해 놓았단다.

"남의 생각을 몰래 베끼는 사람은 법에 의해 처벌하겠습니다."

국제 무역 기구와 분쟁 해결

국제 무역 회원국들이 이러한 약속을 다 잘 지키는 건 아니야. 자국의 이익을 위해 약속을 종종 어기기도 한단다.

얼마 전, 미국이 중국에서 수입하는 자동차 타이어에 대해 관세를 35퍼센트로 높였어.

"싼 값을 앞세운 중국산 타이어는 지난 5년 동안 미국 내 타이어 시장에서 판매량이 세 배나 늘어났습니다. 미국 자동차 업체들은 이 때문에 문을 닫아야 할 위기에 몰려 있습니다. 그래서 중국산 자동차 타이어에 대한 관세를 35퍼센트로 올릴 수밖에 없었습니다."

그러자 중국은 당장 국제 무역 기구에 이 일을 해결해 달라고 요구했어.

"일단 미국과 중국 두 나라가 서로 합의를 보도록 하세요."

국제 무역 기구는 나라와 나라 간에 무역 분쟁이 일어났을 경우, 일단 두 나라가 서로 합의를 보도록 하고 있어. 하지만 그래도 해결이 나지 않을 경우 보복 조치를 취할 수 있도록 하고 있지.

"미국이 지금까지 4퍼센트인 수입 관세를 35퍼센트로 늘리면 중국의 타이어 제조업에 일하던 10만 명이 직장을 잃게 되고, 10억 달러의 손실을 보게 됩니다. 우리도 미국에게 똑같은 보복 조치를 취할 수밖에 없습니다. 미국에서 수입하는 물건에 대해 관세를 높이고, 미국 물건을 수입하지 못하도록 막겠습니다."

그런데 보복 조치를 하기 힘들 때도 있어. 바로 지적재산권에 대한 문제지. '국제 무역 기구'에 가입한 선진국들은 지적재산권을 잘 지켜. 하지만 후진국들은 지적재산권을 무시하고 자기 마음대로 가져다 쓰고 있지.

'국제 무역 기구' 회원국들 중에서 지적재산권에 대한 약속을 가장 안 지키는 나라가 바로 중국이야.

중국의 대도시에는 상점에는 명품 핸드백, 시계, 만년필 등 세계적으로 유명한 상표를 거의 그대로 모방해서 팔고 있어. 우리나라 제품을 모방한 '짝퉁' 물건도 많아. 한국 가수들의 최신 CD, 우리나라의 소형차 마티즈, 담배인삼공사의 홍삼, 한국제 휴대 전화기 등 세계적으로 유명한 한국의 유명 브랜드를 모방한 가짜 제품이 중국에서는 버젓이 거래되고 있단다.

중국의 이러한 가짜 제품은 점점 더 많아지고 있어. 가짜 제품의 질도 조금씩 좋아지고 있고, 가짜 상품을 파는 가게의 수도 점점 늘어나고 있단다.

'국제 무역 기구' 회원국들은 중국의 이러한 태도를 그냥 보고만 있지 않았어. 많은 나라들이 중국을 상대로 '국제 무역 기구'를 통해 재판을 하고 있어. 만약 중국이 재판에서 진다면, '국제 무역 기구'는 중국에게 이런 통보를 할 거야.

"중국 정부는 가짜 상품을 만들어 국제 무역 기구 회원국들에게 해를 끼친 사람들을 찾아내, 가짜 상품을 못 만들도록 하시오."

그럼 중국 정부는 그 즉시 국제 무역 기구의 명령에 따라 가짜 상품을 만드는 사람들을 단속할 수밖에 없단다.

'국제 무역 기구'를 통해 재판을 한 나라는 중국뿐만이 아니야. '국제 무역 기구' 회원국들은 대부분 여러 차례 다른 나라와 무역 분쟁을 겪은 경험이 있단다. 우리나라도 이미 14차례나 '국제 무역 기구' 회원국들과 무역 분쟁이 겪은 일이 있어.

그중에서 가장 문제가 됐던 게 바로 소고기 수입 문제야. 우리나라는 한때 농민들을 위해 축산 보조금을 주었어.

"힘들게 소를 키우는 데 조금이라도 보탬이 되길 바랍니다."

소를 키우는 농민들을 축산 보조금 덕분에 힘을 덜 수 있었지.

그런데 이 축산 보조금이 문제가 된 거야. 왜 그런지 벌써 눈치 챘지? 그래! '국제 무역 기구'에 가입한 회원국들은 정부에서 보조금을 주지 않기로 약속을 했잖아.

이 사실을 안 미국과 호주는 1999년에 '국제 무역 기구'에 소송을 걸었어.

"한국 정부는 약속을 어기고 농가에 축산 보조금을 주었습니다. 이 때문에 미국과 호주에서 한국으로 소고기를 수출하는 농민들이 어려움을 겪고 있습니다. 또한 한국 정부는 수입 소고기와 국산 소고기를 똑같이 대우해 주어야 하는데, 국산 소고기만 특별히 잘 대해 주고 있습니다. 이 역시 약속을 어긴 겁니다."

'국제 무역 기구'는 미국과 호주의 손을 들어 주었어.

"한국은 즉시 축산 보조금 정책을 버리고, 수입 소고기와 국산 소고기를 차별하지 말고 대하도록 하시오."

결국 우리나라는 국제 무역 기구의 결정을 따를 수밖에 없었지.

이처럼 '국제 무역 기구'는 전 세계 여러 나라들이 무역을 공정하게 할 수 있도록 감시하고, 조정하는 역할을 담당하고 있는 국제기구란다.

환경에 대한 조약

환경을 보호하기 위한 인간의 노력
국제 환경 조약
지구를 위한 여러 가지 환경 조약들
환경 보존을 위해 일하는 국제기구 - 그린피스
UN 환경계획
환경 보존을 위한 우리의 노력

환경을 보호하기 위한 인간의 노력

인간이 지구에 나타나기 훨씬 전부터 환경 파괴는 있었어. 지진이 일어나 거대한 섬이 통째로 바다 속으로 사라져 버리기도 했고, 화산 폭발로 인해 숲이 완전히 쑥대밭이 되기도 했지.

하지만 지구는 자정 능력을 가지고 있기 때문에 오래지 않아 다시 원래의 모습을 되찾을 수 있었어. '자정 능력'이란 아픈 곳을 스스로 치료하는 능력을 말해.

그러나 인간들에 의해 이루어지고 있는 환경 파괴는 너무 심각해서 지구의 자정 능력만으로는 회복이 불가능한 상태란다. 공장이나 자동차에서 마구 뿜어져 나오는 이산화탄소 때문에 지구의 기온은 점점 높아지고 있어.

이로 인해 북극과 남극의 빙하가 녹고, 바다 물의 높이는 점점 높아지고 있어. 해수면이 지금과 같은 속도로 계속 높아지면 섬나라인 투발루와 몰디브 같은 나라들은 곧 바다 속으로 사라져

버릴 거라고 해. 또한 지구 온난화의 영향으로 지구 곳곳에서 큰 홍수와 가뭄이 일어나고 있어.

게다가 공유 자원은 점점 오염되고 있어. 공유 자원은 누구나 함께 나눠 쓸 수 있는 자원을 말해. 공기, 바다, 숲 같은 것들이 바로 공유 자원이지.

옛날 사람들은 이런 공유 자원이 영원할 줄 알고 마구 사용했어. 그로 인해 깨끗하던 공기와 물은 더러워졌고, 석탄과 석유는 얼마 남지 않았어. 이제 머지않아 지구의 자원은 바닥날 거라고 해.

이 뿐만이 아니야. 공장에서 나오는 산업 폐기물 때문에 강이나 바다가 심각하게 오염이 되었어. 오염된 물을 마신 물고기는 떼죽음을 당하고, 생태계 전체가 파괴되고 있지. 일이 이쯤 되자 국제 사회는 환경 문제를 더 이상 못 본 체할 수 없었어. 1972년에 각 나라 대표들이 모여 'UN 인간 환경 회의'를 열었어.

"지금처럼 지구 환경이 파괴되면 인간은 더 이상 지구에서 살아갈 수 없습니다. 모든 나라가 힘을 모아 환경 파괴를 막아야 합니다. 물론 각 나라는 자기 나라의 자원을 개발할 권리가 있습니다. 그러나 다른 나라의 환경에 피해를 주지 않는 범위 안에서 개발을 해야 합니다."

'UN 인간 환경 회의'에서 약속한 것들은 법으로 정해지지 않았어. 하지만 환경 문제의 중요성을 모든 사람들에게 널리 알리는 중요한 계기가 되었단다.

국제 환경 조약

지구 환경 파괴를 막으려면 석유나 석탄 같은 화석 연료 사용을 줄여야 해. 에어컨 대신 선풍기를, 자동차 대신 자전거를 이용하는 것도 좋은 방법이고, 전기 코드를 빼 놓는 습관을 들이는 것도 중요하지. 그리고 나무를 많이 심어 숲을 만드는 것도 지구의 환경 파괴를 막는 방법이야.

하지만 개인의 이러한 노력만으로 지구의 환경 파괴를 막을 수 없어. 국가 차원에서 좀 더 근본적인 대책이 필요하지.

그래서 세계 각국은 지구 환경 파괴를 막기 위해 여러 가지 국제 조약을 맺기 시작했어. 1992년에는 브라질의 리우데자네이루에서 'UN 환경 개발 회의'가 열렸어. 이 회의는 세계 110개국 대통령을 비롯해서 178개국 대표들이 참석한 엄청난 규모의 국제 회의였어.

이 회의에서 세계 여러 나라는 〈리우 선언〉 21가지를 했어.

"인간은 지구와 조화롭게 살기 위해 노력을 해야 합니다. 이대로 있으면 지구는 멸망하고 말 겁니다. 선진국은 온실가스를 줄이기 위한 정책을 앞장서고, 아직 온실가스를 줄이는 기술이 부족한 나라에는 기술을 지원해야 합니다. 또 이산화탄소 배출량을 줄여야 합니다."

"좋은 의견입니다."

"찬성이오."

각 나라의 대표들은 〈리우 선언〉에 모두 찬성했어.

하지만 〈리우 선언〉은 곧 문제점이 들어났어. 온실가스 배출을 줄이자는 말만 했지, 언제 어떻게 얼마만큼 줄일지에 대해서는 결론을 내리지 못한 거지. 그 후의 일은 불을 보듯 뻔했어.

아프리카의 한 마을의 추장이 잔치를 연 이야기를 알고 있니?

"내일 마을 축제를 열 것이다. 음식은 내가 모두 준비할 테니까 너희들은 각자 술 한 단지씩만 들고 오너라."

이 소식을 들은 한 사내는 추장이 여는 잔치에 참석하고 싶었지만 술을 들고 가는 게 좀 부담스러웠어.

"그래! 술 대신 물을 담아 가면 되겠구나. 나 하나쯤 물을 가져간다고 뭐 문제가 되겠어."

마침내 잔치가 열리는 날이 되었지. 사람들은 모두 단지를 하나씩 가지고 와 커다란 항아리에 술을 부었어.

"자, 이제부터 마음껏 마셔 봅시다."

추장이 잔을 들자 참석자들도 일제히 잔을 들었지. 하지만 술을 마신 사람들은 모두 깜짝 놀라 서로의 얼굴을 멀뚱멀뚱 바라

보았단다.

왜냐하면 잔치에 참석한 사람들이 마신 것은 술이 아니라 맹물이었거든. 모두 '나 하나쯤은 물을 부어도 상관없겠지.'라고 생각했던 거지.

〈리우 선언〉 이후, 지구촌에는 이와 똑같은 일이 벌어졌어.

"우리가 약속을 지키지 않는다고 뭐 큰일이 나겠어. 다른 나라가 약속을 잘 지키겠지."

〈리우 선언〉을 한 그 많은 나라 중에 진짜로 이산화탄소의 배출량을 줄이기 위해 적극적으로 노력한 나라는 단 한 나라도 없었어. 그저 말로만 '이산화탄소의 배출량을 줄이고, 지구의 환경을 지켜야 하는데······.'라고 중얼거리고 있었던 거지. 이로 인해 지구의 환경은 점점 더 나빠졌단다.

 지구 환경 시계라고 들어 봤니? 지구 환경 시계는 지구 환경의 상태를 나타내는 시계야. 2008년 기준으로 지구 환경 시계는 9시 33분을 가리키고 있었다고 해. 그런데 이 시계의 시간이 흘러서 12시가 되면, 지구는 멸망한대. 현재 지구의 환경은 아주 위험한 상태로 접어들었어. 문제는 매년 그 속도가 빨라지고 있다는 거야.

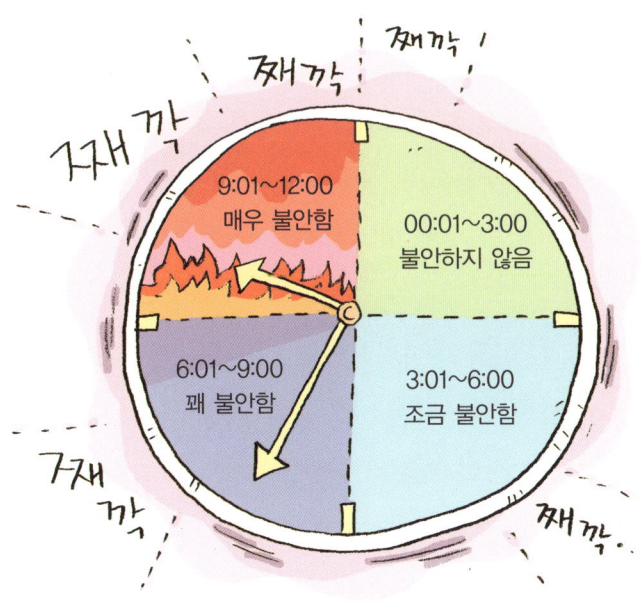

 〈리우 선언〉 이후에도 지구 환경 파괴가 계속되자 세계 여러 나라는 다시 새로운 조약을 맺어야 한다고 생각했어.

 1997년 세계 각국은 일본에 모여 지구 온난화 방지를 위한 기후 변화 조약인 〈교토 의정서〉를 맺었지.

"지구 환경 파괴를 막기 위해서는 좀 더 구체적인 노력이 필요합니다. 세계 각 나라의 온실가스 배출량을 2012년까지 5퍼센트 이상 줄여야 합니다."

이 〈교토 의정서〉는 여러 나라가 공동으로 힘을 모아 지구의 환경 파괴를 막아 보자는 의미 있는 조약이었어. 〈교토 의정서〉가 채택될 때까지만 해도 사람들은 큰 기대를 가지고 있었지.

"구체적인 조약을 맺었으니, 이제 지구 환경 파괴를 막기 위해 모든 나라가 노력하겠지."

그런데 이게 뭐야? 세계에서 가장 이산화탄소를 많이 배출하고 있는 미국이 약속을 안 지키고 탈퇴를 선언한 거야.

"미안합니다. 환경 보호보다 미국의 산업을 발전시키는 것이 우선입니다. 이산화탄소의 배출량을 줄이면 미국의 산업은 더 이상 발전할 수 없습니다. 미안하지만 우리는 약속을 지킬 수 없습니다."

많은 나라들이 미국의 이기적인 태도를 비난했어.

"세계에서 가장 이산화탄소를 많이 배출하는 나라가 약속을 어기면 어느 나라가 약속을 지키겠습니까?"

하지만 미국은 계속해서 못 들은 척했단다. 그러자 아시아, 아프리카의 개발 도상국들은 머리를 절레절레 흔들었어.

"미국이 이산화탄소 배출량을 줄이지 않겠다고? 그럼 우리는 말할 것도 없지. 우리는 미국에 비해 10분의 1도 이산화탄소를 배출하지 않아. 우리야말로 환경을 지키는 것보다 중요한 게 경제 개발이야."

게다가 날이 갈수록 경제 발전을 거듭하고 있는 중국, 인도도 문제였어. 중국의 인구는 13억이고, 인도의 인구는 12억이야. 세계 전체 인구가 65억이니까 이 두 나라의 인구가 얼마나 많은지 알겠지? 이 많은 사람들이 갑자기 차를 타고 다니기 시작했다고 한 번 생각해 봐. 그 차에서 뿜어져 나오는 이산화탄소의 양은 정말 어마어마할 거야. 그동안에는 경제가 크게 발전하지 못했기 때문에 중국과 인도에 공장이 별로 없었고, 차도 그리 많지 않았어. 하지만 최근 경제가 발전하기 시작하면서 중국과 인도에는 수많은 공장이 세워지고, 셀 수도 없이 많은 차들이 거리를 가득 메우고 있단다.

이런 여러 가지 이유 때문에 이산화탄소의 배출량은 줄어들기는커녕 오히려 점점 더 많아지고 있지.

물론 지금도 세계 각 나라는 여러 가지 환경 조약을 맺고, 지구 환경을 함께 지키기 위해 노력하고 있어. 하지만 환경보다 경제 발전을 우선으로 생각하는 나라들 때문에 환경 조약은 그 효과를 크게 발휘하지 못하고 있단다.

지구를 위한 여러 가지 환경 조약들

그동안 지구는 우리 눈에는 보이지 않지만 '오존층'이라고 하는 방탄복을 입고 있었어. 이 오존층은 사람이 직접 몸에 쐬면 안 좋은 자외선을 막아 주고 있었어. 일종의 지구 보호막이라고 할 수 있지. 물론 지금도 이 오존층이 있긴 있어. 하지만 성능이 예전 같지가 않단다.

오존층에 남극 대륙 크기만 한 구멍이 뻥! 뚫려 버린 거야. 그 바람에 몸에 해로운 자외선이 곧바로 내리쬐기 시작했고, 우리는 이제 햇볕도 마음 놓고 쬘 수 없는 신세가 되어 버렸지.

도대체 오존층에 구멍을 뚫은 범인은 누굴까? 범인은 바로 프레온 가스야. 프레온 가스는 냉장고나 에어컨 등에 찬 기운을 전해 주는 냉매나 헤어스프레이 등에 쓰이는 무색의 기체야. 이 프레온 가스에 의해 한 번 뚫린 오존층이 메워지는 데는 아주 오랜 시간이 걸린다고 해.

1985년 세계 여러 나라는 오존층 파괴를 막기 위해 국제 조약을 체결해야 한다고 생각했어. 그래서 오스트리아 비엔나에서 〈비엔나 조약〉을 채택했단다.

"오존층 파괴를 막기 위해 프레온 가스의 사용을 줄입시다."

하지만 〈비엔나 조약〉은 결국 물거품이 되고 말았어. 각국의 의견 차이가 너무 컸거든.

"세계 각국이 모두 똑같이 프레온 가스 사용량을 줄이는 건 옳지 않습니다. 왜냐하면 프레온 가스를 주로 배출하는 나라는 선진국이기 때문입니다. 아프리카나 아시아의 가난한 나라에서는 프레온 가스를 거의 배출하지 않습니다."

개발 도상국들은 환경 오염의 원인을 선진국들 탓으로 돌렸어. 선진국들이 공업화를 진행하면서 환경 파괴를 일으켰다는 말이지.

"선진국들은 지구 환경 보호를 위해 개발 도상국들보다 더 많은 비용을 내고, 더 많은 책임을 져야 합니다."

선진국도 환경 파괴에 자신들이 더 많은 책임이 있다는 것을 인정했어. 그렇지만 환경 보호를 위해 선뜻 앞장서려고 하는 선진국은 거의 없었어. 이 때문에 〈비엔나 조약〉도 흐지부지되어 버리고 말았단다.

하지만 오존층 보호를 위한 국제 사회의 노력은 계속되었어. 1987년 세계 24개국 선진 국가들이 캐나다의 몬트리올에 모여 '오존층 보호를 위한 몬트리올 의정서'를 채택했어.

"몬트리올 의정서에 서명을 한 24개 국가는 지금부터 오존층을 파괴하는 프레온 가스의 사용을 차츰 줄여 나갈 것을 약속합니다."

여러 차례 꾸준히 이러한 국제 조약을 체결하고, 그 약속을 지키기 위해 많은 나라가 노력한 덕분에 지금은 많은 사람들이 오존층 파괴의 위험성에 대해 알게 되었지.

지구 온난화와 오존층 파괴 이외에도 지구는 여러 가지 심각한 병을 앓고 있어. 지구의 생태계는 최근에 아주 큰 위험에 빠져 있어. 사람들이 농사를 짓거나 도시를 건설하기 위해 그동안 동식물들이 사는 곳을 마구 파괴해 왔기 때문이지. 울창한 열대 우림의 나무를 잘라 내면 그곳에 살던 동물들은 어떻게 될까?

현재 지구에는 매분마다 축구장 넓이만 한 숲이 사라지고 있다고 해. 사람들이 이런 짓을 계속하는 바람에 수많은 야생 동물들이 점점 사라져 가고 있어. 과학자들에 따르면 이런 식으로 가다가는 1백만 종의 생물이 곧 멸종할 거라고 해.

세계 여러 나라는 사라져 사는 지구의 동식물을 구하기 위해 1992년 〈생물 다양성 조약〉을 채택했어.

"모든 국가는 자기 나라의 자원을 계발할 권리를 가지고 있습니다. 하지만 자기 나라의 환경 개발이 다른 나라의 환경에 피해를 주어서는 안 됩니다. 그리고 지구에 여러 생물이 함께 살아갈 수 있도록 계속해서 노력해야 합니다."

세계 각국의 대표들은 이 협약에 서명하며, 생물을 보호할 것을 약속했어.

이처럼 인류는 온갖 병을 앓고 있는 지구를 위해 〈비엔나 조약〉, 〈몬트리올 의정서〉, 〈생물 다양성 조약〉 등 수많은 조약을 맺고 있어. 문제는 이 조약을 얼마나 성실하게 잘 지키는가에 달려 있어.

하지만 조약을 체결하기만 하면 뭐 해. 그 조약을 지키지 않으면 아무 소용이 없겠지? 그래서 UN을 비롯한 여러 국제기구는 각 국가들이 체결한 환경 조약을 잘 지키고 있는지 늘 감시하고 있단다.

환경 보존을 위해 일하는 국제기구 - 그린피스

1985년 프랑스가 남태평양에서 핵 실험을 한다는 소식이 알려졌어. 그러자 그린피스 회원들은 당장 핵 실험 반대 운동을 펼쳤어.

"바다에서 핵 실험을 하면 수많은 바다 생물들이 죽음을 당합니다. 우리 그린피스 회원들은 레인보우 워리아 호를 타고 프랑스의 핵 실험이 이루어지는 남태평양으로 나갈 것입니다. 우리는 목숨을 걸고 지구 환경을 지킬 것입니다."

레인보우 워리아 호는 남태평양으로 나가기 위해 뉴질랜드에 정박해 있었어. 그런데 갑자기 꽝! 하는 폭발음과 함께 배가 터져 버렸단다. 핵 실험을 하기 위해 프랑스의 비밀 정보부가 이 배를 폭발시킨 거지.

하지만 이 사건으로 인해 그린피스와 그린피스 정신은 오히려 널리 알려졌어.

"그린피스는 목숨을 걸고 지구의 환경을 지키는 단체야!"

"우리도 그린피스의 정신을 본받아 지구의 환경을 지키자!"

그린피스는 주로 바다 환경을 지키는 일을 하고 있어. 그중에서도 특히 고래 보호에 앞장서고 있지.

고래는 지구에서 가장 거대한 동물이야. 약 2500만 년 전 인간보다 먼저 지구상에 출현한 동물이지. 그런데 인간이 마구잡이로 고래를 죽이는 바람에 고래는 멸종될 위기에 처해졌어. 그린피스는 배를 타고 전 세계를 돌며 멸종 위기에 처한 고래를 보호하자는 캠페인을 벌이고 있지.

노르웨이가 고래를 잡지 않기로 한 약속을 어기고 고래를 잡자 그린피스는 노르웨이 제품 불매 운동을 벌이기도 했어.

"조약을 어기고 마구잡이로 고래를 잡는 노르웨이의 제품을 사지 맙시다."

전 세계의 그린피스를 지지하는 사람들이 노르웨이 제품을 사지 않자, 노르웨이는 큰 타격을 받았단다.

그린피스는 1971년 캐나다 밴쿠버에서 조직된 지구 환경을 위해 일하는 단체로 현재 전 세계 46개국에 지부가 있고, 300만 명이 후원하는 세계 최대의 환경 운동 단체야. 본부는 네덜란드 암스테르담에 있어.

UN 환경 계획

그린피스는 NGO 기구야. NGO란 정부가 중심이 아니라 민간단체가 만든 비정부 기구를 가리키는 말이야. 반면에 'UN 환경 계획'은 각 나라의 정부가 중심이 되어 만들어진 환경 보호 단체란다.

1972년 지구 환경 문제를 논의하기 위해 세계 각국의 정상들이 스웨덴의 수도 스톡홀름에 모여 '인간 환경 회의'를 개최했어. 이 회의에서 세계 정상들은 지구 환경 문제를 다루기 위한 UN 전문 기구를 만들어야 한다는 데 동의했지.

"이 자리에 참석한 모든 나라의 정상들이 지구 환경 문제를 다루는 UN 전문 기구를 만들어야 한다는 데 찬성하셨습니다. 따라서 1972년 6월 5일 UN 환경 계획을 설립하도록 하겠습니다."

UN은 이날을 기념하기 위해 6월 5일을 세계 환경의 날로 정했단다.

'UN 환경 계획'에서는 어떤 일을 주로 하냐고? 한 마디로 '지구 감시'라고 할 수 있어.

"지구의 환경을 해치는 일을 찾아내고, 그 일을 더 이상 못하도록 막자!"

'UN 환경 계획'은 이 목표를 이루기 위해 지구 곳곳을 철저히 감시하고 있어. 오존층의 보호를 위한 〈비엔나 조약〉과 〈몬트리올 의정서〉를 기획한 기구도 바로 'UN 환경 계획'이야.

그 밖에 'UN 환경 계획'은 해양 보호, 수자원 관리, 토양 오염과 사막화 방지, 생물 다양성 보존, 독성 화학 물질과 유해 폐기물의 관리 등에 관심을 가지고 각종 감시 프로그램을 운영하고 있단다.

또한 1982년부터는 '사사카와 환경상'을 제정해서, 뛰어난 업적을 남긴 환경운동가에게 수여하고 있고, 1987년부터는 환경 보호 분야를 위한 개인과 지역 사회의 활동을 장려하기 위해 '글로벌 500상'을 만들어 수여하고 있지.

이 외에도 지구 생태계의 보존을 목적으로 세워진 '국제 자연 보호 연맹', 야생 동물 보호를 목적으로 세워진 '세계 자연 기금' 등 많은 국제기구들이 환경 파괴를 막기 위해 노력하고 있단다.

환경 보존을 위한 우리의 노력

현재 우리나라는 지구의 환경 문제를 해결하기 위해 50여 개의 주요 환경 협약에 가입하고 있어. 〈기후 변화 협약(The United Nations Framework Convention on Climate Change)〉, 〈오존층 보호를 위한 몬트리올 의정서〉 등 기후 환경 조약에 가입했고, 〈생물 다양성 협약〉, 〈습지 보존을 위한 람사르 협약〉, 〈해양 오염 방지를 위한 여러 국제 협약〉에 가입하고 있단다.

또한 우리나라는 동북아시아 지역의 환경 보존을 위해서도 적극 참여하고 있어. 우리가 살고 있는 동북아시아 지역은 인구 밀도가 높고 국가들 간에 지리적으로 가까이 위치해 있어 황사, 산성비, 해양 오염 등 각종 환경 문제에 대해 여러 나라가 함께 대처해 나가야 한단다.

산성비는 석탄이나 석유가 탈 때 생기는 이산화탄소나 이산화황 같은 기체 때문에 내리는데, 이 산성비는 땅을 산성으로 만들고 건물이나 금속을 부식시키고 있어.

황사는 중국의 건조한 지역에서 발생한 미세한 모래 먼지야. 황사의 발원지인 중국은 매년 엄청난 양의 땅이 황사로 인해 사막이 되어 가고 있어. 황사 먼지 속에는 우리 몸에 해로운 중금속이 잔뜩 들어 있지. 그래서 황사 먼지에 자주 노출되면 호흡기 질병에 걸릴 수 있단다.

문제는 이러한 환경 문제가 한 나라 안에서만 일어나는 게 아니라는 거야. 예를 들어 황사는 중국의 건조한 지역에서 발생하지만, 우리나라나 일본에 아주 큰 피해를 입혀. 산성비도 마찬가지지. 이처럼 환경 문제는 그 문제를 일으킨 나라에만 영향을 주는 게 아니라 주변의 다른 나라에도 영향을 주기 때문에 여러 나라가 함께 힘을 모으는 게 중요하단다.

동북아시아 지역의 환경 협력은 한국, 중국, 일본, 러시아, 몽골 등의 나라 중심으로 이루어지고 있어. 1999년 1월부터 매년 한국, 중국, 일본 3국은 '한·중·일 환경 장관 회의'를 개최하며 3국의 환경 정책에 대해 서로의 의견을 교환하고 있단다.

지역 국가들간의 조약공동체
-유럽연합-

〈유럽 연합 조약〉의 탄생
누가 유럽 연합을 이끌어 갈까요?

〈유럽 연합 조약〉의 탄생

유럽은 작은 나라가 다닥다닥 붙어 있어서 옛날부터 툭 하면 전쟁이 벌어졌어. 프랑스와 영국은 백 년 동안이나 전쟁을 한 적이 있어. 전쟁 처음에는 영국 군이 우세했어. 하지만 잔 다르크의 활약으로 프랑스는 영국을 물리치고, 영국이 차지했던 땅을 모두 되찾을 수 있었지. 백 년 동안의 전쟁으로 두 나라는 많은 피해를 입었고, 이후로도 오랫동안 영국과 프랑스는 서로를 미워했단다.

이뿐만이 아니야. 제1차 세계 대전을 일으킨 독일은 유럽의 여러 나라를 무력으로 침략했어. 독일은 프랑스, 벨기에, 오스트레일리아, 네덜란드 등과 전쟁을 벌이며 무자비하게 사람들을 죽였지. 전쟁이 끝난 후, 말로 표현하기 힘들 정도로 큰 피해를 입은 유럽의 여러 나라는 으르렁거리며 서로를 미워했어.

그런데 세월이 지나자 유럽 국가들의 태도가 조금씩 달라지기 시작했어. 그 이유는 바로 독일의 석탄과 철강 때문이었어.

독일이 제2차 세계 대전에서 져서 패전국이 된 거 알지? 독일에게 승리한 연합군은 독일이 루르 지방의 석탄과 철강을 개발하는 걸 원치 않았어.

"독일이 루르 지방의 석탄과 철강을 개발해서 돈을 벌어들이면 또 전쟁을 일으킬지 몰라. 독일이 루르 지방을 개발하게 해서는 안 돼."

하지만 루르 지방에 무진장 묻혀 있는 석탄과 철강을 개발하지 않고 그냥 내버려 둘 수도 없었지. 맛있는 음식이 가득 쌓여 있는 그릇을 그냥 바라만 보고 있다고 생각해 봐. 얼마나 먹고 싶겠어.

이때 유럽의 주변 국가들이 좋은 생각을 해 냈어.

"독일 혼자 개발하는 건 위험하니까 우리 모두 함께 손을 잡고 개발합시다."

"그거 좋은 생각이네. 서로 국경선을 가까이 하고 있는 나라끼리 계속 으르렁거리며 사는 건 좋지 않아."

"맞아, 서로 협력을 하며 더 잘 살 수 있을 거야."

이렇게 해서 독일의 루르 지방의 석탄과 철강을 독일, 프랑스, 이탈리아, 네덜란드, 벨기에, 룩셈부르크가 공동으로 개발하기로 약속을 했어. 공동체 이름을 '유럽 석탄 철강 공동체(ECSC)'라고 지었지.

'유럽 석탄 철강 공동체'의 사업은 날이 갈수록 번창했어.

"아하! 서로 힘을 합하니까 더 나은 결과를 얻을 수 있구나!"

그 후 유럽의 여러 나라는 기회만 있으면 서로 힘을 합쳤어. "뭉쳐야 산다!"라는 말이 유행할 정도였지. 그러다 1967년 독일, 프랑스, 이탈리아, 네덜란드, 벨기에, 룩셈부르크 6개국은 유럽 공동체(EC)를 만들었어.

1973년에 영국, 덴마크, 아일랜드가 가입했고, 그 뒤를 이어 그리스, 스페인, 포르투갈이 가입했지. 그리고 마침내 1991년 12월에 〈유럽 연합 조약(Treaties of the European Union)〉을 체결하게 되었단다.

〈유럽 연합 조약〉은 그동안에 볼 수 없는 파격적인 조약이었어. 조약을 체결하려면 적어도 두 나라가 있어야 해. 두 나라는 어느 한 분야의 문제에 대해 각각 조약을 맺게 되지.

예를 들어 우리나라와 중국이 조약을 맺을 때는 무역에 대한 조약과 환경에 대한 조약은 각각 다 따로 맺어. 하지만 〈유럽 연합 조약〉은 모든 걸 한꺼번에 체결해 버리는 아주 특별한 조약이었어.

"앞으로 유럽 연합은 한 나라처럼 지낼 것입니다. 사람들은 마음대로 국가와 국가를 오갈 수 있고, 다른 나라에서 일자리를 얻어 생활해도 됩니다. 또 다른 나라 은행에 돈을 저금해도 됩니다. 앞으로 우리 유럽 연합은 모두 똑같은 돈을 쓰기로 약속했습니다."

어때? 이 정도면 정말 파격적인 조약이라고 할 수 있겠지. 워낙 파격적인 조약이었기 때문에 처음에는 말도 많고 탈도 많았어.

"이건 말도 안 되는 조약이다. 어떻게 우리 프랑스가 이탈리아와 같은 돈을 쓸 수 있겠는가?"

"우리 이탈리아에는 오래된 문화와 전통이 있다. 나라를 팔아먹겠다는 거냐?"

처음에는 이런 오해가 있을 만도 했어. 충분한 설명이 없었기 때문이지. 그래서 각 정부에서는 국민들의 이해를 돕기 위해 〈유럽 연합 조약〉에 대해 조근조근 설명을 해 줬어.

"유럽 연합 조약은 각 국가의 문화와 전통을 없애려는 게 아닙니다. 각 국가는 지금처럼 전통과 문화를 지키며 살아갈 겁니다. 다만 유럽 연합 조약의 목적은 단일한 시장을 만드는 것입니다. 지금처럼 서로 무역을 하는 것보다는 시장을 하나로 만드는 게 서로에게 큰 이익을 줄 것입니다."

그제야 사람들은 〈유럽 연합 조약〉의 취지를 깨달았어.

"아하, 유럽 연합 조약은 서로 잘 먹고 잘 살기 위해 체결하는 조약이구나."

"그렇다면야 뭐 굳이 반대할 필요가 없지."

〈유럽 연합 조약〉이 다른 조약과 또 다른 점은 자기 마음대로 탈퇴를 할 수 없다는 거야. 예를 들어 우리나라는 '국제 무역 기구'와 여러 가지 조약을 맺고 있어. 하지만 언제든 우리나라에 이익이 안 된다고 판단하면 '국제 무역 기구'를 탈퇴할 수 있지. 하지만 유럽 연합의 회원국들은 그럴 수가 없어.

또한 유럽 연합 정부는 〈유럽 연합 조약〉에 따라 유럽 각 국가에서 벌어지는 여러 가지 일에 직접적으로 간섭할 수 있어. 이런 점에서 '유럽 연합'은 국가를 뛰어넘는 연방 기구라고 할 수 있단다.

2010년 현재 27개의 국가가 '유럽 연합'에 가입했어. 하지만 모든 유럽 국가들이 '유럽 연합'에 가입한 건 아니야. 유럽에 속한 러시아는 가입하지 않았고 앞으로도 가입할 생각이 전혀 없대.

"우리 러시아는 한때 세계 최강대국이었다. 우리가 우두머리가 될 수 없는 유럽 연합에 가입하는 건 자존심이 허락하지 않는다."

반면에 러시아와는 달리 터키는 '유럽 연합'에 가입하고 싶어 해. '유럽 연합' 회원국이 되면 정치, 경제적으로 얻는 이익이 많거든. 하지만 터키는 아직도 가입하지 못했어. 왜냐하면 역사적으로 터키와 사이가 안 좋은 몇몇 나라들이 결사적으로 반대하고 있기 때문이지.

"터키는 우리 그리스와 아직도 영토 분쟁을 벌이고 있다. 우리는 터키가 '유럽 연합'에 들어오는 걸 반대한다."

"제1차 세계 대전 때 우리 아르메니아 인구의 절반이 터키 인들에게 죽임을 당했다. 이런 터키를 유럽 연합에 받아들일 수 없다."

게다가 많은 유럽 사람들은 "우리 유럽 사람들은 기독교를 믿는데, 터키는 이슬람교를 믿잖아?" 하며 별로 내켜하지 않고 있단다.

그런가 하면 자기 나라의 이익 때문에 '유럽 연합'에 가입하지 않는 나라도 있어.

"우리 노르웨이는 어업과 석유로 많은 돈을 벌고 있다. 하지만 유럽 연합에 가입하면 어업과 석유에 관한 새로운 협정을 맺어야 하고, 이것들은 오히려 우리 어민들은 피해를 입게 된다. 따라서 우리 노르웨이는 유럽 연합에 가입하지 않겠다."

노르웨이 같은 경우는 〈유럽 연합 조약〉을 따른 게 부담되어 가입을 하지 않고 있는 경우지.

아무튼 '유럽 연합'은 UN이나 세계 각 나라와 조약을 맺을 때, '유럽 연합'의 이름으로 조약을 맺고 있어. 이 때문에 일단 '유럽 연합 정부'가 조약을 맺으면 '유럽 연합'의 27개 회원국들은 그 조약을 충실히 따라야 해. 유럽의 27개 나라는 〈유럽 연합 조약〉을 맺으면서 '유럽 연합 정부'가 맺은 조약을 잘 지키겠다고 약속했기 때문이지.

누가 유럽 연합을 이끌어 갈까요?

그렇다면 이렇게 막강한 힘을 가지고 있는 '유럽 연합'은 누가 이끌어 가고 있을까? '유럽 연합'을 이끄는 기구는 '유럽 위원회', '유럽 이사회', '유럽 의회', '유럽 재판소' 등이야.

'유럽 위원회'는 어떤 정책을 제안하고, 그 정책을 집행해 나가는 일을 하고 있어. 본부는 벨기에의 브뤼셀에 있는데, 27개 국가의 국민들로 구성된 2만여 명의 직원들이 일을 하고 있지. 물론 이 직원들은 자기 나라의 이익을 넘어 유럽 연합 전체의 이익을 위하여 일을 하고 있어.

'유럽 이사회'는 '유럽 연합' 회원국의 국가 원수들로 구성된 최상위의 정치적 의사 결정 기구야. '유럽 이사회'에는 의사 결정을 투표로 결정하는데, 각 나라의 인구와 경제력에 따라 투표 수가 다른 게 특징이란다.

인구가 많고 땅이 큰 독일, 영국, 이탈리아, 프랑스의 경우는 각각 10표의 투표권이 있어. 반면에 덴마크, 아일랜드, 핀란드처럼 힘이 좀 약한 나라들은 3표의 투표권을 가지고 있지.

'유럽 의회'는 주로 자문 역할을 하고 있는데, '유럽 의회'의 의원 수도 각 나라의 인구와 경제력 등을 고려해서 다르게 뽑고 있어. 독일은 99명, 영국·프랑스·이탈리아는 각각 72명이야. 반면에 땅이 작은 벨기에, 체코 공화국, 그리스 등은 22명의 의석수를 가질 수 있단다.

이러한 기관들이 이끌어 가고 있는 '유럽 연합'은 '유럽 공동체 법'을 만들어 놓았고, 유럽 연합 27개 회원국들은 모두 그 법에 따라야 한단다. 그런데 자기 나라의 법과 '유럽 공동체 법'이 다르면 어떻게 될까? 그럴 때는 '유럽 연합법'이 더 우선 돼. 그만큼 '유럽 연합법'은 아주 강력하단다.

〈유럽 연합 조약〉은 유럽의 많은 국가들을 운명을 바꾸어 놓은 20세기 최고의 조약이야. 〈유럽 연합 조약〉으로 인해 유럽 인들의 삶은 완전히 달라졌어.

무엇보다 27개 나라의 돈은 '유로화'로 통일되었어. 유럽 27개국 어느 나라를 가나 유로화만 있으면 어떤 물건이든 살 수 있게 되었지. 이로 인해 복잡하게 환율을 계산할 필요도 없어졌단다.

또한 나라를 둘러싸고 있던 국경선도 사라졌어. 〈유럽 연합 조약〉을 맺기 전까지는 항상 전쟁에 대한 두려움이 있었어. 역사적으로 유럽은 항상 주변국과의 전쟁에 시달려 왔거든. 하지만 〈유럽 연합 조약〉을 맺은 후부터는 주변국과 전쟁을 할지도 모른다는 두려움에 시달리지 않아도 되었지.

최근 '유럽 연합'은 여기서 한 발 더 나아가서 2005년에 〈리스

본 조약〉을 체결했어.

"유럽 27개 국가를 미국처럼 연방 국가로 만듭시다. 유럽 대통령을 뽑아 하나의 유럽 정부가 27개국 전부를 다스리게 합시다. 이렇게 하면 유럽 연합은 미국보다 더 힘 있고 경제력이 강한 나라가 될 것입니다."

〈리스본 조약〉에 따라 유럽 27개 나라는 '유럽 연합'을 하나의 나라로 만들기 위해 노력하고 있어.

만약 〈리스본 조약〉이 27개 나라의 국회의 비준을 얻어 통과된다면 유럽은 역사상 유례가 없는 새로운 연합 국가로 다시 태어나게 될 거야. 2010년 6월 유럽의 대통령 역할을 하는 유럽 연합 정상회의 상임의장으로 벨기에 총리인 민헤르만 판롬파위가 뽑혔어.

이처럼 나라와 나라간의 조약은 우리 삶을 완전히 바꿔 놓을 정도로 중요해. 앞으로는 여러분도 우리나라가 세계 여러 나라들과 어떤 조약을 맺는지 관심을 가지고 지켜보지 않을래? 조약을 알면 이 세계가 보인단다.

열두 살에 처음 만난 국제 조약(교과연계)

초등	
사회 5-1	환경 문제, 지구 온난화
사회 5-2	국제 금융 기구, 유로화
사회 6-2	강화도 조약, 국제기구, 국제 연합, 유럽 연합, 유엔, 조약
중학교	
사회 2학년	강화도 조약, 난징 조약, 베스트팔렌 조약
도덕 2학년	유엔